中小学教育高质量发展丛书

中小学全面育人

新方法

丁进庄　著

ZHONGXIAOXUE
QUANMIAN YUREN
XIN FANGFA

中国言实出版社

图书在版编目(CIP)数据

中小学全面育人新方法 / 丁进庄著. -- 北京：中国言实出版社，2024.2
　　ISBN 978-7-5171-4769-5

　　Ⅰ.①中… Ⅱ.①丁… Ⅲ.①中小学教育—教育方法
Ⅳ.①G632.41

中国国家版本馆CIP数据核字（2024）第053803号

中小学全面育人新方法

责任编辑：张天杨
责任校对：王建玲

出版发行：中国言实出版社
　　　　　地　　址：北京市朝阳区北苑路180号加利大厦5号楼105室
　　　　　邮　　编：100101
　　　　　编辑部：北京市海淀区花园路6号院B座6层
　　　　　邮　　编：100088
　　　　　电　　话：010-64924853（总编室）　010-64924716（发行部）
　　　　　网　　址：www.zgyscbs.cn　电子邮箱：zgyscbs@263.net

经　　销：新华书店
印　　刷：北京中科印刷有限公司
版　　次：2024年3月第1版　　2024年3月第1次印刷
规　　格：710毫米×1000毫米　　1/16　　19.25印张
字　　数：203千字

定　　价：58.00元
书　　号：ISBN 978-7-5171-4769-5

推进教育高质量发展，服务中国式现代化建设

　　党的二十大报告提出，"加快建设高质量教育体系，发展素质教育，促进教育公平"。习近平总书记在中共中央政治局第五次集体学习时强调，要坚持把高质量发展作为各级各类教育的生命线，加快建设高质量教育体系。建设教育强国，基点在基础教育。基础教育搞得越扎实，教育强国建设步伐就越稳、后劲就越足。

　　新中国成立以来，在党的坚强领导下，教育的基础性、先导性、全局性地位更加突出，中国教育面貌焕然一新，基本实现了全面普及，教育发展水平已经进入了世界中上行列，这对我们这个人口众多的发展中国家而言，是非常了不起的成就。进入新的时代，教育主要矛盾已经发生转化，公平与质量问题凸显，人民群众对高质量教育的需求日渐迫切，而优质教育资源供给短缺且发展不平衡不充分。面向未来，中国教育发展方式需要从以规模扩张和空间拓展为特征的外延式发展，转变为以提高质量和优化结构为核心的内涵式发展，拓展优质教育资源覆盖面，提高人才培养质量和办学水平，满足社会公众对于优质教育资源的选择性需求，服务中国式现代化

建设，引领实现中华民族伟大复兴的中国梦。这就需要广大中小学转变教育理念，深化课程改革，改变育人方式，创新治理体系，扎实提升教育质量。

中国言实出版社推出《中小学教育高质量发展丛书》，基于中国式现代化对教育高质量发展科学内涵和内在要求的深刻认识，立足于基层学校在生动的教育教学实践中创造和积累的成功经验，去粗取精，去伪存真，从中凝练出高质量教学、现代化治理、全面育人体系等核心要素，既在理论上揭示和阐述了中小学高质量发展的本质规律，又在实践上探索和总结了中小学高质量发展的实施路径，力求回答"如何以教育高质量发展，服务中国式现代化建设"这一时代课题，也为中小学教育高质量发展提供了可资借鉴的样态。丛书的出版，将对引领中小学更新教育思想观念和营造优良学校文化，提高教育教学质量和改善治理效能，构建全面育人新体系，实现学校高质量发展起到重要的参考作用。

本丛书的作者丁进庄是一名在基础教育战线深耕三十余年的校长。该同志从我国基层学校起步，先后在多省市、多学校担任过校长、书记，治理过不同类型、不同性质的学校，后又在教育部等多部门进行过锻炼，具有丰富的教育实践经验、一定的理论水平和政策水平。他几十年如一日，把"心有大我、至诚报国的理想信念，言为士则、行为世范的道德情操，启智润心、因材施教的育人智慧，勤学笃行、求是创新的躬耕态度，乐教爱生、甘于奉献的仁爱之心，胸怀天下、以文化人的弘道追求"的教育家精神作为自己的毕生追求，主动适应中国经济社会发展带来的教育形态的变革，不断深化教育教学改革，着力提升育人质量，取得了显著的办学成绩。

路虽远，行则将至；事虽难，做则必成。基础教育高质量发展的根本出路是办好每一所学校，每一所学校办好了，基础教育就会踏上高质量发展之路。我期待这套丛书早日问世，期待丛书提出的高质量学校发展新局面的蓝图早日达成，办好让人民满意的教育，让每一名学子都能享受更加优质的教育。

是为序。

国家教育咨询委员会委员，国务院教育督导委员会总督学顾问
北京师范大学原校长、中国教育学会原会长
2023 年 12 月

总前言

　　1993 年夏天，当我背着行囊，风尘仆仆地到中国中部的一个偏僻乡村中学报到时，我没有想到我能当校长，更没有想到今天能站在首都回望来时的路。2023 年是我从教三十周年，三十年来我从中国最基层的乡村学校到教育部，走完了一名教师完整的历程。这些年来，岗位在变、单位在变、职务在变，唯一不变的是深厚的教育情怀、深刻的教育思考和对教育本质不懈的追求。

　　萌发著作这一套书的决心源于 2020 年初暴发的新冠疫情。这场突如其来的疫情给教育教学工作带来了巨大的挑战，学校经受着"停课不停学""离校不离教"和"线上线下不断转换"的考验，在基础教育战线广大同人的共同努力下，我们交上了一份合格的答卷。但同时，也暴露出中小学长期存在的教育理念落后、教学方法陈旧、学生学习能力不足、教学质量不高等问题。如何把教育政策、教育理论变成学校生动的实践，如何把萌发于、植根于基层的教育实践变成可复制、可操作、可推广的变革力量，如何遵循教育规律、人的成长规律，合理地、系统地配置教育资源，提高教育教学质量，已经成为当代教育政策制定者、教育管理者、理论工作者和第一线的校长、教师绕不开、回避不了、必须回答的时代问卷。基于这样的考虑，2021年夏天，我开始着手写作《中小学高质量教学新策略》《中小学现代化管理新思维》《中小学全面育人新方法》和《让梦想照进现实》系列丛书，期望以解决基础教育存在的最紧迫、最重要的现实问题为导向，把理论学习、经验总结、问题研究结合起来，把政策依据、理论基础和实践操作结合起来，围绕学校高质量教学、现代化管理、全面育人、个人成长等四个方面，解决好教育理念、思想认识、内容结构、方法途径、保障措施等问题，着力提高学校管理者办学治校能力、教师教书育人水平，使一线的教育工作者既能掌握理论、澄清认识，又能运用操作，不断提高教育教学的质量和效益。本套书呈现以下"三新"特点。

一是"新"在响应新时代的呼唤。我们所处的时代，是中国特色社会主义新时代，这个时代是中国基础教育大踏步赶上世界先进水平，从"跟跑"到"并跑"，并将"领跑"世界教育发展的时代；是教育事业快速发展，呼唤教育创新的时代；是教育工作者舞台不断扩大、大有作为的时代。我们这一代教师生逢伟大的时代，既是幸运的，更感责任重大。三十年来，我到过中国很多学校，一些还是当地的名校，学校管理者大多能说出我在"干什么"、我"怎么干"，却说不出"为什么干"、"这样干"最核心的东西是什么；有的领导自己说得头头是道，教师该怎么干还怎么干，你说你的我干我的；有的学校看似"轰轰烈烈"搞课改，实际是"照抄照搬"地机械模仿，脱离了学校实际情况，教师意见很大，效果很差，导致"人走政亡"或"雨过地皮湿"……实践告诉我们，缺乏总结和提炼，不能把实践做法上升到本质规律的教育教学改革，注定是走不远的。在进入知天命之年，经历了人生风风雨雨和中国基础教育沧海桑田巨变后，我觉得需要写点什么，梳理、总结、凝练逐渐成熟的教育理念和办学思想、丰富的教育教学及学校管理经验、沉淀的教育理论与实践创新成果，期望和有志于教育改革与发展的同人进行分享、研讨，和大家一起立足于中华民族千秋伟业，站在基础教育改革发展的前列，勇于开拓，不断创新，积极实践，传播先进教育思想，探索建立现代化高质量的教育教学范式，实施推进育人方式改革，这不仅是时代的期望，也是作为一个教育工作者的毕生追求。

二是"新"在立足人民群众的需要。千秋基业，教育为本。教育是国之大计、党之大计，是关系中华民族伟大复兴千秋伟业和第二个百年奋斗目标能否顺利实现的基础性工程。三十年来，我参加了无数次的培训、参观了上百所学校、考察了十几个国家的教育，毫不夸张地说，我们已经建成世界上最大规模的基础教育体系，几千年来第一次解决了人民群众对"有学上"的美好向往和公平的价值追求。作为教育的亲历者，在这一点上，我们还是有基本共识和充分自信的。但同时，也应该看到社会的主要矛盾已经转变为人民日益增长的美好生活需要和不平衡不充分的发展之间的矛盾，人民群众对"上好学"的需求日益强烈，迫切需要我们进一步深化教育教学改革，办好老百姓家门口的每一所学校、上好每一堂课、育好每一个人，培养学生终身发展和社会发展需要的必备品格与关键能力，全面提高办学质量和办学效益，让每个学生都有人生出彩的机会，这是我们这一代教育工作者神圣的责任和光荣的使命。在多年的教育实践和研究中，我深切地认识到，由于教育教学工作内容的复杂性、对象的成长性、教师水平的差异性、教学效果的不确定性，很难有一种方法能"包治百病"，很难有一种模式能解决所有问题，但可以肯定的是，以牺牲学生身心健康为代价"唯分数""唯升学率"的不科学的教育价值取向必须改变，"一刀切""生产线"的落后的教学方法、低效的课堂教学、单一的评价考核方式必须改变，学生不合理的过重学业负担必须减下来，教育教学质量必须提上来。为达成此目的，我在撰写本套书时，力求以"四新"解决好"四个问题"，即用新的理念解决好新课程、新课标、新教材、新考试和优秀的传统教育教学方法相结合的认识问题，用新的高度解决好教育理论和教育规律结合的实践问题，用新的系统解决好教师的"教"和学生的"学"相结合的方法问题，用新的逻辑解决好教育教学过程和学生发展结果相结合的效率问题，推动学校真正落实培根铸魂、启智润心，满足学生全面而有个性的发展需求。

三是"新"在基于学校实践的实证研究。新中国成立以来，我国基础教育事业发展迅速，为社会各行各业输送了亿万劳动者和优秀人才，也形成了一大批教育理念先进、办学基础较好、社会声誉较高的学校。但研究这些学校的论著，我们可以看到，个别是基于学校做法、教师感悟的编著或"流水账""碎片化"的实践描述，缺乏对教育规律的深入研究和探讨，只见实践起点，不见理论起点、逻辑起点，导致很有价值的学校实践经验不可复制、不可推广，形成"为出书而出书"或者"出仅供自己看的书"现象。个别人写的教育专著，一些是侧重政策、理论、框架，太宏观、太空泛、不具体，理论意义、政策意义大于实践意义，即使有实践的内容也大多以案例形式出现，缺乏对学校实际情况的研究，缺乏长周期的实证验证，缺乏可操作性、可行性。其中，个别文章不是"八股文"，就是"复读机"，既解释不了现实，也指导不了现实和未来。我认为"研究"必须基于长期的学校实践，经过"去伪存真"的检验、"去粗取精"的发现、"透过现象找本质"的升华，这才是教育思想的深入和完善，才是教育理论的丰富和发展，才是学校教育变革的真正力量。本套书立足新时代，面对新形势，既从理论和政策上解决教育教学"为什么"的问题，也从实践和操作上解决"怎么办"的问题，较好地回答了学校办学治校能力强不强、教书育人体系全不全、落地实施行不行、实践效果好不好、教育教学质量高不高等问题。

这世上有好多东西，一定要等到一定的年龄才能看得见，要拥有一定的智慧才能看得见。三十年来，我完全可以处于人生的舒适区，做一个守成的教育者，过一种滋润的生活。但我希望不断挑战自己的人生极限，喜欢一直在路上追寻理想的感觉，过一种波澜壮阔的教育生活，为此我义无反顾，自加压力、超越自我，一直在奔跑。

《中小学高质量教学新策略》《中小学现代化管理新思维》《中小学全面育人新方法》《让梦想照进现实》是一个整体，把这四本书对照阅读并进行研究，就会更全面、更具体地了解我的教育思想形成的背景和过程，了解其精髓、内涵、价值和意义。

　　在此，向在我成长过程中长期关心、关怀、指导、帮助我的领导、老师表示衷心感谢！向三十年来一直和我同向、同行，潜心研究和实践的同事表示衷心感谢！

　　由于时间紧促，水平有限，如有错误和疏漏，欢迎批评指正。

丁进庄

2023 年 12 月于北京

前　言

　　中小学高质量发展就要提升育人质量，培养德智体美劳全面发展的社会主义建设者和接班人。当前中小学普遍存在重视智育、弱化德育、轻视体育、忽视美育、缺失劳动教育等现象，导致学校全面育人出现了不少薄弱环节和短板，需要教育工作者积极探索新的方法路径加以破解，努力构建德智体美劳全面发展的教育体系，培养担当民族复兴大任的时代新人。本书立足时代发展的新背景，紧扣中小学人才培养的要素，力求较为全面地探求育人新方法。概括起来，本书有三大亮点。

　　一是时代性。新的时代，我国教育进入了高质量发展新阶段，教育的高质量归根到底是育人的高质量，这就要求中小学要办好每一所学校、上好每一堂课、育好每一个人，为实现从"有学上"向"上好学"的转变提供实践引领。本书坚持马克思主义关于人的学说的价值观和方法论，立足于满足学生全面而有个性的发展新需求，按照德智体美劳全面培养的新要求，围绕学生终身发展需要的人文底蕴、科学精神、学会学习、健康生活、责任担当、实践创新等必备品格和关键能力，把培养学生坚定的理想信念、深厚的家国情怀、高尚的道德情操、丰厚的知识基础、核心的能力素养、健全的人格品质、健康的身心素质融入学校教育教学工作的各环节、各要素之中，推进中小学育人方式系统性变革。较为准确地把握了中小学面临的新要求、新使命，适应了教育发展所处的新时代和环境的新变化。对引领中小学转变育人理念、改变育人方法、提高育人实效具有重要的参考价值。

二是全面性。育人是个系统工程，需要围绕"为谁培养人、培养什么样的人、怎么培养人"的教育根本问题，聚焦影响人、唤醒人、激励人、发展人的各种教育要素，探索科学有效的育人方法，方能形成综合的育人效果，达成全程、全员、全面的育人目标。本书坚持全面贯彻党的教育方针、落实立德树人根本任务的正确价值导向，遵循教育发展和人才成长的科学规律，坚持"五育"并举的总体思路，以全面提升中小学素质教育水平为目的，从管理育人、课程育人、文化育人、活动育人、实践育人、协同育人、服务育人等要素出发，科学分析了不同育人要素重要意义和存在的问题，较为全面地梳理了育人的主要内容和关键环节，制定了具体可行的实施举措和保障措施，较为系统地提出了促进学生全面而有个性发展的新路径。对指导中小学涵养学生民族精神、健全学生人格、提升道德品质、培养核心能力具有重要的指导作用。

三是现实性。当前中小学育人过程中存在不少问题和短板，需要教育工作者寻找新的解决办法，探索新的发展道路。本书坚持以问题为导向，针对智育水平不高的问题，注重提升义务教育阶段育人质量，提高普通高中阶段多样化发展水平；针对德育效果不足的问题，注重突出思想政治教育、爱国主义教育、中华优秀传统文化教育、社会主义核心价值观教育等德育实效；针对体育锻炼不够、体质健康水平不高等问题，注重加强体育锻炼，培养学生运动习惯、体育技能，着力提升学生体质健康水平；针对美育教育弱化、审美情趣缺乏等问题，注重增强美育熏陶，培养学生审美情趣、艺术技能，着力提高学生艺术素养；针对劳动教育缺失等问题，注重强化劳动教育，培养学生劳动意识、劳动精神、劳动习惯、劳动技能，着力补上劳动教育短板。对解决中小学育人中存在的问题和短板，实现全面育人具有重要的现实意义。

本书既是作者多年实践经验的总结，也是对全面育人规律认识的深化，以期能为教育同人在全面育人道路上的探索提供一点启发、借鉴和参考。

丁进庄

2023 年 12 月于北京

目 录

第一章　中小学增强德育实效新方法

"培养什么人"是教育的首要问题，也是德育工作的根本出发点和落脚点。我国是社会主义国家，这就决定了中小学教育必须落实立德树人的根本任务，把培养一代又一代拥护中国共产党领导和我国社会主义制度、立志为中国特色社会主义事业奋斗终身的德智体美劳全面发展的建设者和接班人作为价值追求，把以教育现代化支撑中国式现代化道路作为方向目标。中小学德育工作要进一步明确"为何做、做什么、怎么做、谁来做、为谁做"等基本问题，着力构建"方向正确、内容完善、学段衔接、载体丰富、常态开展"的一体化德育工作体系，形成纵向衔接、梯次推进，横向协同、内外融通的德育工作新格局。

第一节　德育工作的重要意义

"太上有立德，其次有立功，其次有立言，虽久不废，此之谓不朽。"立德居"三不朽"之首，德育工作事关重大，意义深远。

当前，世情、国情、党情正在发生深刻变化，世界多极化、经济全球化、文化多样化、社会信息化深入发展，在新情况、新问题催化下的校园内，师生的思想状况，心理特征、价值取向都发生了新的变化，在感受新生活、学习新知识、领略新文化的同时，也产生了一些困惑与迷惘。中小学校要以问题为导向，不断增加做好德育工作的使命感和紧迫感，切实加强中小学德育工作。

一、加强德育工作是落实立德树人的需要

教育是上层建筑，古今中外，任何一个国家都是按照自己的政治要求培养社会发展、知识积累、文化传承、国家存续、制度运行所需要的人。当前，各种敌对势力从来没有停止对我国实施西化、分化战略，从来没有停止对中国共产党领导和中国社会主义制度的颠覆破坏活动，一些西方国家通过办培训班、夏令营、提供资助和学习资料等多种方式，对当代中小学生进行意识形态渗透，争夺青少年的斗争是长期的、严峻的。中小学生是未成年人，心智尚不成熟，容易受到不良思想影响，这就要求中小学要遵循教育规律和人才成长规律，坚持育人为本、德育为首，全面贯彻落实党的教育方针，构建起德智体美劳全面培养的课程、教学和管理体系，把落实立德树人根本任务有机融入学校日常教育教学和管理的各领域、各方面和各环节，全面提升学生思想政治、道德品质、科学文化素质，把培养社会主义建设者和接班人落到实处，为中国式现代化提供充足的人才支撑。

二、加强德育工作是提升教育质量的需要

百年大计，教育为本。教育兴则国兴，教育强则国强。新中国成立以来，我国中小学教育经历了普及发展、均衡发展等阶段，现在已经进入高质量发展的新阶段，这是原有发展阶段的一个跃升，是满足人民群众对教育的需求从"有学上"转向"上好学"的积极呼应。当前，一些中小学德育工作较为薄弱，存在重知识传授轻德育实践、德育的方法途径单一、缺乏常态机制和有效途径载体等问题，直接影响了德育的效果。中小学要全面加强党的领导，坚持中国特色社会主义办学方向，坚持为人民服务、为中国共产党治国理政服务、为巩固和发展中国特色社会主义制度服务、为改革开放和社会主义现代化建设服务，着力提升德育实效，努力培养契合经济社会需求、适应党和国家事业发展要求、顺应人民群众对美好生活向往的人才，让每个孩子享有公平的受教育机会的同时，获得发展自身、奉献社会、造福人民的能力。

三、加强德育工作是学生健康成长的需要

中小学阶段是人的一生中最宝贵的奠基时期，今天的学生有理想、有担当，明天的国家就有前途，民族就有希望。当前，在市场经济条件下产生的一些负面影响不可避免地波及学校，加之互联网等媒体的广泛普及，使中小学生接触的信息更加广泛，学校德育工作面临着思想意识多元多变、各种价值观念冲突更加激烈、选择更加自由和多样的复杂的社会思想文化环境，传统的依靠组织权威对

学生开展德育教育的优势受到影响和冲击。中小学德育工作要把理想信念教育放在首位，把中华优秀传统文化、中国特色社会主义和中国梦教育融入教育教学全过程，从小培养学生爱党、爱国、爱社会主义、爱中华民族和崇尚个人努力、珍视家庭亲情的主流思想，使其形成诚实守信、孝亲尊师、互助友善、明礼守法、崇尚环保的基本品德，从小培养热爱生活、珍视生命、自尊自信、理性平和、乐观向上的心理品质和不懈奋斗、荣辱不惊、百折不挠的意志品质，促进学生思想道德素质、科学文化素质和身心健康素质协调发展，更好地适应学生全面而有个性发展的需求，培养担当民族复兴大任的时代新人。

教育决定着中国的今天，也决定着中国的未来。中小学要直面新时代德育工作面临的新问题、新挑战，着眼于从细、从小、从实上下功夫，大力提升德育实效，教育和引导学生树立正确的价值观念，培养良好政治思想、道德品质、健全人格，促进学生形成良好行为习惯，努力构建全员育人、全过程育人、全方位育人的"三全育人"德育工作格局。

第二节　德育工作的基本原则

德育工作既是一个政治问题，也是一个理论问题，更是一个实践问题。中小学要以习近平新时代中国特色社会主义思想为指导，依据党和国家教育政策，结合学校实际、教育教学规律和学生成长成才的特点，坚持育人为本、德育为先，坚持教育与生产劳动、社会实践相结合，坚持学校教育与家庭教育、社会教育相结合，努力培育和造就堪当民族复兴大任的德智体美劳全面发展的社会主义建设者和接班人。

一、导向性原则

现在的中小学生是实现第二个百年奋斗目标的参与者、建设者，是中国特色社会主义事业的接班人，他们的政治思想素质、道德品质素质和行为习惯状况如何，直接关系到中华民族的整体素质，关系到国家前途和民族命运。中小学德育工作要坚持正确的政治追求，加强党对学校工作的全面领导，贯彻党的教育方针，落实立德树人根本任务，坚持社会主义办学方向，保证中小学校成为党领导的坚强阵地。要用社会主义核心价值观来统领学校德育工作，强化道德实践和养成教育，不断提升学生价值认同，陶冶学生情操，浸润学生情感，引领学生知情意行相统一，养成良好行为习惯。要坚持德育工作的制度化、常态化，将中小学德育工作要求贯穿融入学校各项日常工作中，形成一以贯之、久久为功的德育工作长效机制。

二、科学性原则

德育和其他教育一样是一门科学，需要遵循教育规律。中小学德育工作既要体现优良传统，又要反映时代性，在继承的基础上积极推动创造性转化和创新性发展，始终保持德育工作生机与活力。要传承中华优秀传统文化，赓续党在长期实践中形成的优良传统、革命精神和红色血脉，既要适应新时代经济社会发展要求，也要适应中小学生年龄特点、身心成长特点和接受能力，采取丰富多彩、深入浅出、鲜活通俗、寓教于乐、喜闻乐见的教育形式，循序渐进，不断增强德育工作的吸引力和感染力。要遵循认知规律和教育规律，从学生思想实际和生活实际出发，采用启发式、互动式、探究式教学方法和研究性学习、志愿服务、研学旅行等教育方式，坚持贴近实际、贴近生活、贴近学生，学以致用，努力增强德育的针对性、实效性。

三、系统性原则

德育涉及对教育地位、作用、性质、管理、课程、教学、评价等一系列教育重大问题的认识，始终是学校全部教育实践活动的前提性和基础性问题。中小学德育要统筹管理、课程、教学、文化、活动、实践等育人渠道，综合运用考核评价、表彰激励、规范纪律等手段，不断完善德育与管理、自律与他律相互补充和相互促进的运行机制，更有效地引导学生的思想，规范学生的行为。要发挥学校主导作用，引导家庭、社会增强育人责任意识，提高对学生道德发展、成长成人的重视程度和参与度，形成学校、家庭、社会协调一致的育人合力。要坚持重在建设、立破并举，把先进性要求与广泛性要求结合起来，发挥榜样示范引领作用，引导树立社会向真、向上、向善新风尚。

德育工作是个系统、长期、复杂的过程，不仅需要认知，更需要行动，不仅需要理论，更需要实践。中小学要积极适应新时代对德育工作提出的新要求，把握上述原则，主动作为，持之以恒，方能提升德育工作实效。

第三节　德育工作的主要内容

中小学德育工作是关系"培养什么人"的凝魂聚气、强基固本的基础工程，内容极为丰富，涵盖了学生未来发展所需要的文化基础、自主发展、社会参与等核心素养和学生为人处世中体现出来的价值追求、思维方法、行为表现等关键素质。中小学德育工作要大力加强爱国主义教育，深入开展理想信念教育，大力培育和践行社会主义核心价值观，传承和弘扬中华优秀传统文化和民族精神，加强生态文明教育，培养心理健康的社会主义建设者和接班人。

一、加强爱国主义教育

爱国主义是中华民族生生不息、发展壮大的坚实精神支撑和强大道德力量。中小学德育要加强历史教育与国情教育，包括但不限于进行中国共产党史、新中国史、改革开放史、社会主义发展史、中华民族发展史教育，帮助和教育学生认识中华民族在长期历史发展过程中创造的灿烂文化、伟大成就，增强文化自信，传承以爱国主义为核心的民族精神。了解近代以来中华民族的深重灾难和中国共产党带领中国人民进行的英勇斗争，把握中国特色社会主义给中国带来的翻天覆地的变化和改革开放以来我国取得的举世瞩目的伟大成就，引导广大学生深刻理解中国共产党的领导、中国特色社会主义发展道路是人民的选择、是历史的选择，树立正确的历史观、民族观、国家观、文化观，传承和弘扬民族精神，增强民族自尊心、自信心和自豪感，从小厚植爱国主义情怀，传承红色基因，赓续红色血脉，坚定爱党、爱国、爱人民、爱民族、爱社会主义的信念。

二、加强理想信念教育

人民有信仰，国家有力量，民族有希望。对国家而言，理想信念是全党全国人民团结奋斗的共同思想基础，是实现中华民族伟大复兴中国梦的强大思想动力。对个人而言，理想信念对人的发展具有重要导向作用，中小学生只有树立崇高理想和远大志向，学习才有动力，前进才有方向，成才才有保障。中小学德育工作要在坚定理想信念上下功夫，包括但不限于开展马克思列宁主义、毛泽东思想、邓小平理论、"三个代表"重要思想、科学发展观、习近平新时代中国特色社会主义思想教育，共产主义远大理想和中国特色社会主义共同理想信念教育，中国基本国情教育，中国梦教育，时事形势教育等，引导学生准确把握新时代中国特色社会主义的时代特征、丰富内涵、精神实质、实践要求，深入学习党的治国理政新理念、新思想、新战略，深刻领会实现中华民族伟大复兴是中华民族近代以来最伟大的梦想，引导学生正确认识社会发展的历史规律，正确认识国家的前途和个人命运，不断增强对党的政治认同、情感认同、价值认同，不断增强中国特色社会主义道路自信、理论自信、制度自信、文化自信，从小树立积极向上的个人理想和远大志向，并自觉把实现个人理想融入实现中华民族伟大复兴的中国梦之中，把个人幸福、成长进步同国家富强、民族振兴、人民幸福紧密联系在一起，不断增强为共产主义远大理想和中国特色社会主义共同理想而奋斗的信念和信心，立志成为堪当民族复兴大任的建设者和接班人。

三、加强社会主义核心价值观教育

"富强、民主、文明、和谐；自由、平等、公正、法治；爱国、敬业、诚信、友善"的社会主义核心价值观是当代中国精神的集中体现，是凝聚中国力量的思想道德基础，是立国之基和民族之魂。中小学德育工作要将社会主义核心价值观融入学校教育全过程，落实到教育教学和管理服务各环节，包括但不限于开展家国情怀教育、社会关爱教育、人格修养教育、公民道德教育、公民意识教育、文明礼仪教育、集体主义教育、人道主义教育、民主法治教育等，引导学生认知认同社会主义核心价值观，将社会主义核心价值观作为明德修身、立德树人的根本遵循，并使之成为内化于心、外化于行的道德规范和行为准则，促进学生懂得为人做事的基本道理，学会处理人与人、人与社会、人与自然等基本关系，树立社会主义民主法治、自由平等、公平正义理念，增强遵纪守法、遵守规则的意识，养成诚实守信、孝敬感恩、团结友善、文明礼貌的行为习惯，具备文明生活的良好思想道德素质、科学文化素质和健康文明行为，从小培养公民美德，遵守社会公德，增强国家认同，做社会主义核心价值观的信奉者、践行者和弘扬者，成为有大爱大德大情怀的人。

四、加强传统文化教育

中华文化源远流长,上下五千年,是世界上唯一没有出现文化断层的文明。它深深地流淌在每一个中华儿女的血液里,孕育了中华民族的宝贵精神品格,培育了中国人民的崇高价值追求,影响着每一个中国人的思想价值观念、思维行为模式。中小学德育要坚持传承和弘扬中华优秀传统文化,包括但不限于开展民族精神教育、传统美德教育、人文精神教育、文化经典教育、历史名人教育、历史成就教育、文化遗产教育等,帮助学生深入了解中华优秀传统文化的历史渊源、发展脉络、精神内涵,深刻认识中华优秀传统文化讲仁爱、重民本、守诚信、崇正义、尚和合、求大同的思想理念和时代价值,弘扬和传承自强不息、敬业乐群、扶正扬善、扶危济困、见义勇为、尊老爱幼、体恤弱小、勤劳节俭、诚实守信等传统美德,准确把握爱国奉献、齐家治国、义利结合等深层次的精神追求、道德精神和对人类生存发展的深层思考、终极关怀等方面的内容,让中华文化基因更好地植根于学生的思想意识和道德观念,成为学生的精神生活、道德实践的鲜明标识,不断增强文化自觉和文化自信。

五、加强生态文明教育

"绿水青山就是金山银山",人与自然和谐共生的理念,已经深深根植于中华文明的基因中,也关系着人类的未来、地球的未来。中小学德育工作要将生态文明教育纳入教育体系，以节约资源和保护环境为主要内容，在学生中培育和践行绿色发展的理念，包括但不限于开展山水、大气、林草、湖河、海洋、土地等自然资源的基本国情教育，节粮节水节电的"三节"教育，垃圾分类教育，绿色消费教育，低碳生活教育等，帮助学生了解祖国的大好河山和地理地貌，认识到环境污染的危害性，增强保护环境的自觉性，引导学生树立认识自然、热爱自然、敬畏自然、尊重自然、顺应自然、保护自然理念，养成勤俭节约、低碳环保、自觉劳动的文明习惯，形成健康文明的生活方式，在人与人、人与社会、人与自然和谐共生中培育家国情怀和提升人文素养。

六、加强心理健康教育

学生的心理教育关系其身心健康和未来发展，关系千家万户的幸福和社会的和谐稳定。中小学德育工作要把心理健康教育作为重要内容，包括但不限于开展认识自我教育、尊重生命教育、学会学习教育、人际交往教育、情绪调适教育、升学择业教育、人生规划教育、青春期教育、家庭教育、预防欺凌和暴力教育以及适应社会生活等方面的法治教育、诚信教育、文明礼仪教育、网络道德教育等，教育学生珍惜学习时光，心无旁骛求知问学，增长见识，丰富学识，沿着求真理、悟道理、明事理的方向前进，帮助学生及家长树立正确的心理健康观念，引导学生增强调控心理、自主自助、应对挫折、适应环境的能力，培养学生坚强自信的人格、积极乐观的心态、勇于进取的品质和健康的个性心理品质，促进学生身心和谐发展，阳光健康地走向未来。

中小学德育内容还包括法治教育、国家安全教育、祖国统一教育、民族共同体教育、公民道德教育等方面内容，在此就不再一一赘述。

第四节　德育工作的实施路径

德育在于行动。中小学德育工作要根据德育目标与内容，细化德育工作实施途径和要求，不断拓展德育载体，创新德育方法，努力使中小学德育工作突出时代性、体现系统性、注重操作性、强化实效性，努力提高工作的吸引力、感染力和针对性、实效性，真正把这项凝魂聚气、强基固本的基础工程落到实处。

一、发挥课程教学主渠道作用

课程是教育思想、教育目标和教育内容的主要载体，集中体现国家意志，是学校教育教学活动的基本依据，直接影响人才培养质量。课程教学是落实立德树人任务的主阵地和主渠道，是培养学生道德认知、情感态度的主要途径。

（一）构建德育课程体系

中小学要充分发挥课程教学在德育教育中的核心作用，坚持德育为先，以德塑魂，突出课程教学的政治性，把好课程教学的思想关和质量关，构建符合教育规律、体现时代特征、具有学校特色的德育课程体系，促进学生全面发展、健康成长。要按照课程方案和课程标准，严格落实德育课程要求，上好道德与法治、思想政治课，发挥综合实践活动课程德育功能，进一步提升德育实效，让学生从小就打好中国底色。要结合地方自然地理特点、民族特色、传统文化以及重大历史事件、历史名人等，开发德育校本课程和专题教育资源，将爱国主义、公民道德、社会主义核心价值观、心理健康、法治教育、行为养成、文明礼仪、生态文明、毒品预防、民族团结、国家安全等德育教育内容有机融入校本课程和主题教育，发展学生道德认知，注重学生的情感体验和道德实践，形成具有学校特色、展现学校风采的德育校本课程和教育资源库，切实推进德育教育进课堂、进学生生活、进学生头脑。

（二）提升德育课程效果

要根据学生的成长规律和社会对人才的需求，精心设计教学内容，优化教学方法，把对学生德智体美劳全面发展总体要求和德育教育的有关内容、要求具体化、细化，明确学生应具备的适应终身发展和社会发展需要的个人修养、社会关爱、家国情怀等方面的必备品格和关键能力，明确学生完成不同学段、不同年级、不同学科学习内容后应该达到的德育质量要求，把德育课程质量要求落实到教学中。要加强德育与各学科教学融合，根据学生不同年龄和不同课程的特点，深入挖掘各学段、各学科蕴含的德育资源，明确各学段、各学科具体的德育目标、任务，将德育内容、德育要求有机细化落实到各学科课程的教学目标之中，融入渗透到各学科课程教学全过程，增强思想性、科学性、时代性、适宜性、可操作性、整体性，构建各学段上下衔接、各学科横向融合、教学目标循序渐进、教学内容各有侧重、教学方法有机统一的德育课程结构，形成各门课程"守好一段渠""种好责任田"的大德育格局，充分发挥课程教育综合德育功能。

（三）加强德育课程研究

要引导各学科教师依据课程标准和学生年龄特点、实际情况，密切联系学生生活经验，优化德育课程教学内容，创新相应的教学活动，在传授知识和培养能力的同时，将积极的情感、端正的态度、正确的价值观自然融入课程教学全过程。要坚持以学生为本的教育理念，跨学科、跨学段开展德育教育的主题教研，探讨将习近平新时代中国特色社会主义思想和"爱党、爱国、爱社会主义、爱学习、爱劳动"等教育要求融入相关学科日常教学活动中，将相关学科的教育内容、教育教学的行为统一到德育目标上来。要注重提高学生运用知识综合分析问题、解决问题能力，引导学生在服务他人、奉献社会中升华对德育的认知理解，培养学生学习兴趣、养成劳动习惯、坚定爱国信念，将个人成长成才与投身实现中华民族伟大复兴中国梦的实践紧密相连。

二、发挥文化育人的熏陶作用

中华民族自古以来就有崇德、重教的文化传统。学校要发挥好文化的熏陶作用，挖掘地域历史文化传统，因地制宜开展学校文化建设，培养师生认同的思维方式和行为方式，使德育教育融入校园物质文化、精神文化、制度文化、行为文化之中，形成引导全校师生共同进步的精神力量。

（一）构建学校文化体系

要依据学校历史和实际，凝练学校办学理念、育人目标、校训和价值追求，加强学校校风、教风、学风建设并将其贯穿落实在课程文化、教学文化、管理文化、公共关系文化、环境文化之中，形成积极向上、格调高雅的学校思想识别系统、文化识别系统、形象识别系统，以文载道，以文传情，以文植德，提高学校文化建设水平。要优化校园环境，依据学校办学理念，利用学校板报、橱窗、走廊、地面、图书馆、阅览室、团队活动室、校史陈列室等设施，精心设计文化内容，发挥学校建筑、设施、布置、景色、景观的育人功能，使校园内一草一木、一砖一瓦都来说话，创建秩序良好、环境优美的文明校园，让校园处处成为育人场所。要建设班级文化，鼓励学生自主设计班名、班训、班歌、班徽、班级口号等，用文化温润心灵、启迪心智、引领风尚，增强班级凝聚力。

（二）发挥榜样引领作用

要运用各种方式向学生宣传介绍古今中外的英雄模范、杰出人物、时代楷模、道德模范和先进典型，通过在校园悬挂他们的人物画像和格言，在校报、校刊、校园广播和微信、网站、视频号上进行事迹宣传，开展先进事迹报告会和模范人物访谈座谈等形式，深入挖掘宣传他们的先进事迹、突出贡献和精神内涵，为学生树立可亲、可信、可敬、可学的榜样，激励学生崇尚先进、学习先进，让学生从榜样的感人事迹和优秀品质中受到鼓舞、汲取力量。要选树学校三好学生、优秀团员、少先队员、最美学生、感动学校人物、先进集体等，引领学生树立正确的价值取向，把立德、立言、立功和为人、做事、生活统一起来，努力追求真才学、好德行、高品位，形成学有榜样、行有示范、见贤思齐、争当先进的生动局面。

（三）坚持正确舆论导向

要大力弘扬正气和主流价值观，把正确价值导向和道德要求体现到日常教育教学活动中，营造体现主流意识、时代特征、学校特色的校园文化氛围。要加强对社会德育领域热点问题的引导，以事说理、以案明德，引导学生树立公德意识、法治意识、公共意识、规则意识、责任意识，遵守公序良俗，激浊扬清，不断加强道德修养、强化道德自律，自觉履行社会责任。要大力宣传和阅读讴歌党、讴歌祖国、讴歌人民、讴歌英雄、讴歌劳动、讴歌奉献的文化艺术作品，以正确舆论营造良好道德环境，成风化人、敦风化俗。要加强校园周边环境治理，净化社会文化环境，强化对网络游戏、动漫、微视频等网络新兴文化的价值引领，从源头上严格管控，引导学生合理使用网络，提升网络素养，避免沉溺网络，打造清朗的校园网络文化，营造健康有益的社会育人环境。要建立校园安全风险防控体系，完善责任仲裁和依法处理机制，依法打击"校闹"，保障学校师生合法权益。

（四）丰富校园文化生活

要加强学校图书馆、阅览室建设，不断丰富藏书和报纸杂志，开展经常性的读书活动，以优秀文艺作品陶冶学生道德情操，润物无声传播真善美，提高学养、涵养、修养，弘扬崇高的道德理想和道德追求。要有针对性开展品位高、格调雅、生动活泼、积极向上的校园文化节、体育节、艺术节、读书节、科技节、志愿服务和社会公益等活动，以鲜明正确的价值导向引导学生，以积极向上的力量激励学生，促进学生形成良好的思想品德和行为习惯。要利用升国旗、入党入团入队等仪式、开学典礼、毕业典礼、成人仪式和重大纪念日、民族传统节日等契机，组织开展主题明确、内容丰富、形式多样、吸引力强的理想信念、爱国主义、社会主义核心价值观等主题教育，将德育教育转化为实实在在的行动。要加强学生社团管理，建立体育、艺术、科技、环保、志愿服务等各类学生社团，开展丰富多彩的社团活动，引导学生把正确的道德认知、自觉的道德养成、积极的道德实践紧密结合起来。

三、发挥实践育人的体验作用

实践是培养人、塑造人的重要途径，是深化道德认知的关键环节。要把德育与实践相结合，以体验教育为基本途径，根据学生的特点，突出思想内涵，强化道德要求，精心设计和组织开展内容鲜活、形式新颖、吸引力强的实践活动，使学生在体验中升华思想感情，陶冶道德情操，开阔眼界视野，充实精神生活，增长能力才干。

（一）开展研学实践

要建立涵盖各类农业基地、工厂矿山、科研院所、高新企业、重大工程基地等的研学实践教育基（营）地，形成以营地为枢纽、以基地为站点的横向、纵向相衔接的校外研学实践教育路线，设计开发适合学生的自然类、历史类、地理类、科技类、人文类、体验类等多种类型的研学课程和内容，把研学实践与学校课程、德育体验、实践锻炼有机结合起来，引导学生从课上走到课下，从校内走向校外，从思想认知到亲身体验。要规范组织管理，健全经费筹措机制，完善安全责任制度，做好安全保障措施，让学生走出校园、扩展视野、丰富知识、增长才干，增强对国家、对民族、对家乡的热爱。

（二）开展主题实践

要利用爱国主义教育基地、革命历史遗址、革命历史博物馆、革命先烈纪念馆、老一辈革命家纪念馆、革命烈士陵园等开展革命传统和爱国主义教育，利用军事主题博物馆、国家安全教育基地、国防教育基地等开展国防教育和国家安全教育，利用历史博物馆、文物展览馆、名人纪念馆、重大历史事件纪念馆、物质和非物质文化遗产地等开展中华优秀传统文化教育，利用展览馆、美术馆、图书馆、文化馆开展文化艺术教育，利用科技馆、科研机构、高新技术企业设施等开展科普教育，利用养老院、儿童福利机构、残疾人康复机构等社区机构等开展志愿服务，利用美丽乡村、国家公园、自然保护区等自然资源进行生态文明教育，利用各类社会实践基地、青少年活动中心（宫、家、站）等校外活动场所开展社会大课堂活动，把深刻的教育内容融入生动有趣的主题实践活动之中，要不断拓展主题实践的形式，丰富主题实践的思想内涵，提升德育教育功能。

（三）开展研究学习

要精心设计学生研究性学习主题，选择和课程教学相关的研究内容，指导学生制定适切的研究性学习技术路线，切实保障研究性学习实施，不断增强研究性学习的时代性、科学性和实效性。要通过组织学生开展参观体验、专题调查、夏令营、冬令营、寻访红色足迹以及各种参观、瞻仰和考察等活动进行研究性学习，用祖国大好风光、民族悠久历史、优良革命传统和现代化建设成就教育学生，引导学生体验革命情怀，弘扬民族精神，增进爱国情感。要组织主题征文、特色班会、诵读演讲、书法展示、综合实践活动、研学实践教育等研究性学习活动，深入开展理想信念教育、中华优秀传统文化教育和社会主义核心价值观教育，坚定永远跟党走的理想信念，增强历史责任感和使命感。

四、发挥管理育人的规范作用

德育既要靠灌输教育，也要靠制度规范、约束和激励。中小学要真正担负起领导责任，强化学校管理、学生管理、教师管理，切实扭转重智育轻德育、重课堂教学轻社会实践的现象，引导学生把外部要求转化为内在自觉。

（一）加强学校管理

要加强党组织对德育工作的领导作用，落实全面从严治党要求，加强理想信念教育，提高思想政治教学实效，履行意识形态管理责任，确保社会主义办学方向。要加强对共青团、少先队的领导，配置好团、队干部，认真开展团、队活动，构建党团队一体化德育格局。要定期组织学生座谈会或问卷调查，及时掌握学生思想状况，不断优化学生管理措施。要建立学校章程，将德育要求贯穿于学校管理制度的每一个细节之中，融入教育教学全过程，对标研判、依标整改，推进贯彻落实。要明确学校各个岗位教职员工的育人责任，把育人要求和岗位职责统一起来，规范教职工言行，提高全员、全程、全方位育人的自觉性，将学生的全面发展作为学校一切工作的出发点和落脚点。

（二）加强学生管理

要依据不同年龄段学生的特点和学生守则、相关法律规范，制定校规校纪、日常行为规范、班级民主管理制度等各种面向学生的规章制度，教育学生认同和自觉遵守规章制度，引领学生规范自己日常行为、基本言行，培养良好行为习惯，践行每一项要求。要建立学生表彰激励制度，引导青少年树立远大志向，热爱党、热爱祖国、热爱人民，形成好思想、好品行、好习惯，"扣好人生第一粒扣子"，不断激励学生从自身内省中提升道德修为，修身立德，打牢道德根基。要制定防止学生欺凌和暴力工作制度，建立早期预警、事中处理及事后干预等机制，对损害学生身心健康的行为要依法处理。

（三）加强教师管理

要制定和完善德育工作制度，调动全体教师的工作积极性与责任感，充分发挥广大教师在德育工作中的主力军作用，确保德育工作常态有效开展。要加强师德师风建设，引导教师树立育人为本的理念，以德立身、以德立学、以德施教、以德育德，做有理想信念、有道德情操、有扎实学识、有仁爱之心的好老师，成为学生健康成长的指导者和引路人。要发挥班主任德育骨干作用，完善班主任管理制度，选派思想素质好、业务水平高、奉献精神强的优秀教师担任班主任，加强班主任培训，提高班主任班级管理能力，引导班主任爱岗敬业、教书育人、热爱学生、言传身教、为人师表，以高尚的情操引导学生全面发展。

五、发挥家校育人的协同作用

良好的育人环境和氛围，离不开家庭、社会的共同努力。家庭是社会的基本组成单位，是社会的基本细胞，是学生人生的第一所学校。不论时代发生多大变化，不论生活格局发生多大变化，都要重视家庭建设，注重家庭、注重家教、注重家风，给孩子以示范引导。

（一）健全家校沟通机制

发挥家长委员会、家长学校、家庭教育指导中心作用，引导家长尊重学校教育安排，尊敬老师创造发挥，鼓励家长参与学校管理并积极配合学校开展教育教学工作，促进学生健康成长和全面发展。要通过家访、家长开放日、公益咨询、网上家长学校、家长热线、家长微信群、家庭教育大讲堂、家长沙龙等形式，常态化、规范化开展家庭教育指导工作，免费为家长提供家庭教育服务，提高家庭教育指导服务的针对性、操作性。要利用板报、橱窗、新媒体，以多种形式开展家庭教育宣传，普及家庭教育知识，推广家庭教育的成功经验，宣传正确的教育理念，掌握科学的家庭教育方法，提高科学教育子女的能力，营造协同育人良好环境。

（二）加强家庭教育指导

要正确引导家长"望子成龙""望女成凤"的传统育儿观念，

改变片面追求孩子做"人上人"的错误价值导向和"揠苗助长"的错误做法，帮助和引导家长树立有教无类、因材施教、人人成才的正确家庭教育观念，缓解家长的焦虑心情，为学生提供健康、积极的家庭教育环境。要弘扬中华民族传统家庭美德，倡导孝敬父母、尊敬长辈、诚实守信的现代家庭文明观念，营造爱国爱家、相亲相爱、向上向善的良好家风，推动形成社会主义家庭文明新风尚。要把培养学生健康身心、高尚道德品行、良好行为习惯作为家庭教育重要内容，引导家长重言传、重身教、教知识、育品德，以身作则，用正确道德观念塑造孩子美好心灵。

（三）净化家校共育环境

要净化学生成长的社会环境，引导全社会树立科学的人才培养理念，改变"唯分数""唯升学""唯学历"的片面人才评价观、政绩观，重视对学生思想启蒙、道德品质、行为习惯的培养。要搭建社会育人平台，建立多方联动机制，动员各方力量共同参与学校德育工作，实现社会资源共享共建，积极为学生了解社会、参与实践、锻炼提高提供条件，助力广大中小学生健康成长。要发挥各类家庭教育组织的专业作用，针对家庭教育中存在的突出问题，积极开展科学研究，为指导家庭教育工作提供理论支持和决策依据。要关心单亲孩子、困难家庭孩子、留守儿童的教育，开展"送温暖"等公益活动，为他们提供指导和帮助。

德育工作周期长、见效慢，涉及课程教学、管理体制、育人方式、考试招生等方方面面，中小学要坚持正确的价值导向，不断深化教育改革，创新教育方法，把德育各项工作内容和要求落实到办学治校的每一细节，贯穿教书育人的全过程，从日常管理抓起，从平常小事抓起，提高人才培养质量，形成有利于学生健康成长的育人环境。

第五节　德育工作的保障措施

教育具有鲜明的国家属性、政治属性、民族属性、文化属性和意识形态属性。中小学要始终将德育工作摆在落实立德树人任务的首要位置，全面加强党的领导，不断提升协同育人水平，提高资源供给能力，调动学校各部门力量，着力形成工作合力和长效工作机制，切实抓出效果、抓出亮点、抓出成绩。

一、加强党对德育的全面领导

中国是社会主义国家，中国共产党的领导是中国特色社会主义最本质的特征，是中国特色社会主义制度的最大优势，这就从根本上决定了中小学校是党领导下的学校，是中国特色社会主义学校。中小学校是党的基层组织建设重要阵地，加强党对德育工作的全面领导，是教育事业科学发展的根本保证，是办好人民满意教育的最大政治优势，是培养德智体美劳全面发展的社会主义建设者和接班人的迫切需要。中小学德育工作要全面落实党对学校工作全面领导，提升党组织建设水平，抓好德育工作。

（一）强化政治领导

中小学党组织要用习近平新时代中国特色社会主义思想武装

全体师生，落实立德树人根本任务，贯彻执行党的教育方针、政策和决策部署，把抓好学生德育工作、做好教职工思想政治工作、推进师德师风建设作为重要任务，引领师生自觉在政治立场、政治方向、政治原则、政治道路上同党中央保持高度一致。要加强党的政治建设、思想建设、组织建设、作风建设、纪律建设、制度建设，把党的思想、政治、组织优势转化为学校德育工作的优势，旗帜鲜明地反对和抵制各种错误观点，始终坚持社会主义办学方向，大力培养中国特色社会主义事业的建设者和接班人。要牢固树立科学教育观、质量观、正确政绩观，克服片面应试教育倾向，引导教师将国家建设和学校发展的责任"扛在肩上"，在教育教学中落实德育教育的要求，不断提高德育工作水平。

（二）加强组织建设

中小学校要健全完善德育工作管理体制和德育工作制度，明确内设组织机构和人员配置规范，注重选拔师德好、懂教育、会管理、有威信、善于做思想政治工作的德才兼备的教师从事德育工作，不断优化德育队伍结构，建立激励和保障机制，调动工作积极性和创造性。要定期表彰优秀德育课教师、优秀班主任、优秀德育工作者和德育工作先进集体，建立品德优秀学生表彰激励机制，发挥榜样示范作用，努力促进学生全面发展和健康成长。要坚持党建带团建、党建带队建，切实加强党对共青团、少先队的政治领导和工作指导，支持共青团、少先队开展组织教育、自主教育、实践活动等，以鲜明正确的导向引导学生，以积极向上的力量激励学生。要将德育工作经费纳入学校年度经费预算安排，整合利用学校现有场所，建立德育工作必需的场地，配备必要设施，订阅必备的参考书、报纸杂志，配齐相应的教学仪器设备，开发丰富、优质的德育资源，为德育工作提供必要的条件保障。

（三）抓好队伍提升

中小学要加强对德育干部、团队干部、班主任、思政课教师的培训，组织他们学习党的教育方针、德育理论，增强价值判断力和道德责任感，提高德育专业化水平。要发挥党组织的战斗堡垒作用，健全"双培养"机制，立足把骨干教师培养成党员、把党员培养成骨干教师，充分发挥党员教师的先锋模范带头作用。要加强教师思想政治工作和师德师风建设，引导教师增强教书育人的责任感，培养和践行教育家精神，激发广大教师教书育人的积极性、主动性、创造性。要促进德育与教育教学业务融合，依据学生的年龄特征、认知方式、知识结构及学校实际，循序渐进地将爱党、爱国、爱人民、爱社会主义等德育内容融入日常教育教学各项工作中，落实立德树人根本任务，帮学生"扣好人生第一粒扣子"，不断增强德育工作的吸引力、凝聚力、战斗力。

二、完善家校社协同育人机制

加强和改进中小学德育工作，是学校、家庭、社会共同的责任和任务，要建立家校社协同育人机制，动员家庭、社会力量共同参与和支持学校德育工作，引导家长注重家庭、注重家教、注重家风，共享共建社会资源，营造积极向上的良好社会氛围，净化学生成长环境，助力中小学生健康成长。

（一）大力推动家庭教育

要建立健全中小学家庭教育工作机制，利用家长委员会、家长学校、家长会、家访、家长开放日、家长接待日等各种家校沟通渠道，鼓励家长参与学校管理。要密切家校合作，学校要认真听取家长对学校的意见和建议，帮助家长深入了解学校办学理念、教育教学措施，及时沟通和反馈学生思想状况和行为表现，形成家校育人合力，促进学生成长成才。要加强家庭教育指导，开展家庭教育主题宣传活动，广泛深入宣传家庭教育的重要作用和科学教育理念，引导家长重视家庭教育，推广正确的家庭教育方法，推动家长转变教育观念，树立良好家风，提高家庭教育水平，树立正确育儿观念，营造协同育人的良好环境。

（二）构建社会共育机制

要发挥社会上专家学者、专业人士、老干部、老战士、老专家、老教师、老模范的优势和作用，使他们进入学校担任德育兼职教师，共同参与德育研究与指导。要和爱国主义教育基地、青少年宫、儿童活动中心、图书馆、博物馆、研学实践基（营）地等校外教育资源和活动场所建立协同育人机制，积极开展教育、科技、文化、艺术、体育、研学旅行、志愿服务等富有吸引力的教育活动，形成育人合力。要充分利用电视、广播、报刊、图书、网络、微博、微信、公众号等平台，选择推荐有教育意义的文化、艺术、歌曲、戏剧、影视片、电子出版物等知识性、趣味性、科学性强的读物和视听作品，丰富学生的精神文化生活，为学生提供更好的精神食粮，营造学校与社会合力育人的良好氛围。

（三）净化学生成长环境

学生成长的环境广泛影响着学生的思想观念和道德行为。学校要充分认识所肩负的社会责任，加强对校园图书读物、教辅资料审核和对进入校园的报告、活动的审查，强化对学校网站、微信、微博、公众号等新媒体的管理，坚决杜绝存在意识形态问题和传播淫秽、色情、凶杀、暴力、封建迷信和伪科学的出版物进入校园。要充分发挥学校德育工作主阵地的作用，积极传播先进文化，唱响主旋律，激发正能量，让科学理论、正确舆论、优秀文化充盈学生成长的空间。要加强网络管理，营造积极向上的网络文化，传播格调健康的文学艺术、音视频、影视剧等作品，正确引导学生明辨是非、分清善恶的能力，让正确道德取向成为网络空间的主流。要培养学生文明自律的网络行为，倡导文明上网，提升学生网络素养，引导学生遵德守法、文明互动、理性表达，远离不良网站，防止网络沉迷，自觉维护良好网络秩序。

三、深化德育工作的改革创新

教育教学是德育工作主要渠道和重要载体，不管什么时候、什么学科都要把立德树人融入思想道德教育、文化知识教育、社会实践教育各环节，贯穿于管理、课程、教学、文化等各领域。学校一切工作要围绕这个目标来设计，教师要围绕这个目标来教，学生要围绕这个目标来学。

（一）深化德育课程教学

中小学要开展德育教研活动，探索新时期德育工作特点，创新德育工作的途径和方法。要定期总结交流研究成果,学习借鉴先进经验和做法,充分发挥教研对提高德育质量的支撑作用,不断增强德育工作的科学性、系统性和实效性。要加强德育工作规律性研究,围绕课程目标,针对不同学段学生的特点,联系学生生活实际,精心遴选德育教学内容,优化学科课程实施及教学方式方法,发展学生道德认知,注重学生的情感体验和道德实践,提升教师德育专业能力。要加强德育与学科教学的融合,推动德育教育进教材、进课堂、进头脑,不断探索德育教学的新途径、新方法。

(二)提高德育工作效果

中小学校要从学生的身心特点和思想实际出发,根据新修订的课程标准和中高考新变化、新要求,以提升师德修养、育人能力和专业素养为目的,开展教师培训与研修,提升教师综合素质,增强育人能力,充分激发广大教育工作者投身德育课程改革的积极性和创造性。要突出在做中学、用中学、创中学的教学理念,强调学以致用、知行结合,着力培养学生养成良好的行为习惯,引导学生将道德认知转化为道德实践。要整合和利用国家教育平台和学校原创的优质德育教学资源,开发德育精品视频公开课程和精品资源共享课程,利用信息化手段扩大优质德育教育资源覆盖面。要开发好服务于学生德育教育的高校、科研院所、社会机构、实践基地、实习实训基地、科技馆、博物馆、纪念馆等优质的社会德育资源,为学校德育工作提供良好保障,充分发挥社会资源的德育功能。

(三)加强德育工作评价

中小学要把德育工作的要求落实到评价上,改变简单以"分数排名"评老师、以"考试成绩"评学生、以"升学率"评学校的导向和做法，把德育、素质教育的应有地位和科学评价确立起来。要遵循教育规律、人才成长规律，把学生的品德评价纳入综合素质评价体系，建立学生综合素质档案，做好学生成长记录，反映学生成长实际状况。要完善以师德表现和教育教学业绩为主要依据的教师职务（职称）评价标准，建立激励和保障机制，充分激发教师队伍的生机活力。要适应考试招生制度的改革，推动"教—学—评"一体化发展，全面落实立德树人根本任务，建立促进学生身心健康、全面发展的育人方式、课堂教学模式、管理体制、保障机制，实现学生成长、国家选才、社会公平的有机统一，全面提升办学水平。

实现中华民族的伟大复兴，需要一代又一代人的不懈努力。中小学要从确保党的事业后继有人和为中华民族伟大复兴提供人才支撑的高度，充分认识加强和改进德育的重要性和紧迫性，不断丰富德育内容，采取切实措施，把德育工作贯穿于办学治校、教书育人全过程之中，培养学生国家意识和社会责任意识，增强中国特色社会主义道路自信、理论自信、制度自信、文化自信，养成良好政治素质、道德品质、法治意识和行为习惯，形成积极健康的人格和良好的心理品质，促进学生核心素养提升和全面发展，为学生一生奠定坚实的思想基础。

第二章　中小学培育社会主义核心价值观新方法

社会主义核心价值观是中国特色社会主义的本质体现，培育和践行社会主义核心价值观是推进中国特色社会主义事业的必然要求，是深化教育领域综合改革、促进学生健康成长的现实选择。

第一节　培育社会主义核心价值观的重要意义

德为人之魂。中小学是学生人生的"拔节孕穗期"，正处在世界观、人生观、价值观的形成时期和行为习惯、道德情操、品质意志、思维习惯养成的关键阶段，也是可塑性最强的时期。学校要始终把培育和践行社会主义核心价值观作为学校工作的灵魂和主线，把社会主义核心价值观教育摆在立德树人根本任务重中之重的位置，提高教育的吸引力、感染力和针对性、实效性。

一、培育社会主义核心价值观是国家培养人才的需要

社会主义核心价值观中的富强、民主、文明、和谐是建设社会主义现代化国家的目标，是从国家层面树立的价值追求。我国已经实现了全面建成小康社会的第一个百年奋斗目标，正处在迈上全面建设社会主义现代化国家新征程，向实现中华民族伟大复兴的第二个百年奋斗目标进军的关键时期。现在的中小学生将是这个历史进程的参与者、建设者，可以说，现在学生的模样就是未来中国的模样，学生的价值取向也必然决定反映了未来整个社会的价值取向，关系着社会和谐稳定，关系着国家长治久安。近年来，随着市场经济发展和扩大对外开放，一些西方国家加紧对我国进行西方的"自由、民主、人权"等价值观念输出和渗透，企图西化、分化青年一代，历史虚无主义、极端个人主义已经渗透到中小学，对中小学生健康成长造成了一定的负面影响。中小学培育社会主义核心价值观就要充分认识社会主义核心价值观是引领全国人民团结奋斗的共同思想基础的重要意义，旗帜鲜明进行理想信念教育，引导学生把个人理想与国家价值追求结合起来，从小树立崇高理想和远大志向，"扣好人生第一粒扣子"，催发学习的动力，明确奋斗的方向，保障健康成长。要准确把握社会主义核心价值观是实现中华民族伟大复兴的强大思想动力的重要价值，引导学生对树立起正确的世界观、人生观和价值观，从小形成和确立服务国家、造福人民、奉献社会的人生目标，唤醒最持久、最深层的奋斗力量，共同为实现中华民族伟大复兴而踔厉奋发。

二、培育社会主义核心价值观是构建和谐社会的需要

社会主义核心价值观中的自由、平等、公正、法治是对美好社会的生动表述，是从社会层面树立的价值追求。近年来，随着经济社会的快速发展，社会价值取向呈现多样化趋势，学生所处的社会思想文化环境更加复杂。在社会上，有的人信仰缺失、精神迷惘；有的人价值观扭曲、唯利是图；有的人是非、善恶、美丑不分，不讲社会良知和社会责任；有的人无视社会公德、公序良俗，肆意突破道德底线；等等。这些问题不可避免地对学生思想认知产生着负面影响，不可忽视地对学生行为表现造成了消极冲击。面对世界范围内思想文化交流交融交锋形势下价值观较量的新态势，面对改革开放和发展社会主义市场经济条件下思想意识多元多样多变的新特点，中小学培育社会主义核心价值观就要让人们对美好社会的主流价值追求从小在学生们心中生根发芽，学习掌握未来社会所需的核心价值、必备能力和关键品格，养成遵纪守法、遵守规则的意识和行为习惯，促使社会主义核心价值观内化为学生正确的思想、科学的方法和高尚的精神追求，外化为日常的自觉行动，促进学生全面而有个性地发展，引领社会全面进步。

三、培育社会主义核心价值观是学生健康成长的需要

社会主义核心价值观中的爱国、敬业、诚信、友善是公民的基本道德规范，是从个人层面树立的价值追求。当前，一些教师思想认识不到位，育人素质和能力有待提高，存在重智育轻德育、重教

书轻育人的现象；一些学校社会主义核心价值观融入学校教育教学全过程的机制尚不健全，针对不同年龄阶段学生的目标内容仍不明确、方法手段有待改进；一些学校、家庭、社会三位一体的育人格局尚未形成，家长普遍存在忽视价值观教育的现象。学生成长是一个漫长的过程。好思想、好品德、好习惯不是凭空产生的，也不是一蹴而就的，决不能把社会主义核心价值观教育仅仅停留在熟记熟背的阶段，更要融化在学生心灵里，落实到实际行动中。中小学培育社会主义核心价值观就要遵循学生认知规律，激发学生爱党、爱国、爱民族、爱社会主义、爱学习、爱劳动、讲诚信、懂友善的内心感受、情感共鸣和道德认知，引导他们从小学习做人、学习立志、学习创造，从自己做起、从身边做起，培育美好心灵，养成良好品德。

面对中小学核心价值观教育的新形势、新挑战，中小学教育工作者要进一步统一思想、提高认识、转变理念、创新方法，牢牢抓住其实质内涵，突出重点，促进学生全面健康发展，努力为党和人民的事业培养合格建设者和可靠接班人。

第二节　培育社会主义核心价值观的实施路径

培育和践行社会主义核心价值观是一项长期的系统工程，中小学要遵循教育规律、学生身心发展规律，坚持管理、课程、教学、文化、实践、协同育人的主渠道，将社会主义核心价值观教育渗透到学校教育教学中，体现在日常管理中，落实到学生学习生活中。

一、课程教学渗透

课程教学是培育社会主义核心价值观的主阵地。中小学要充分挖掘各门课程蕴含的社会主义核心价值观教学资源，并把社会主义核心价值观的内容和要求具体化，有机渗透到学科课程教学中，落实到各学科课程的教学目标之中。要加强课程教学的管理和评价，特别是加强语文、历史、思想政治、体育、艺术等学科统筹，引导各学科教师依据课程标准和学生实际情况，坚持正确价值导向，指向核心素养，提升综合育人效果。要开发有效的校本课程，丰富社会主义核心价值观教育载体，讲清做人、做事、生活的基本道理，传播正确的价值判断、价值选择，把对伟大祖国的热爱、对党的热爱植入学生的心灵深处，使学生在接受知识的同时，潜移默化形成正确价值观念。要开展社会主义核心价值观精品课程评选和展示活动，引领教师设计相应的教学活动，在传授知识和培养能力的同时，教会学生正确处理人与国家、人与社会、人与自然、人与自我的关系，将积极的情感、端正的态度、正确的价值观自然融入课程教学全过程，揭示人类社会发展的内在规律，探求科学精神和科学方法。

二、优秀文化熏陶

文化的核心是价值观，社会主义核心价值观会深刻地影响文化的社会作用。中小学要将影响着每一个中国人的思想观念、价值追求、道德情操和思维方式、行为模式的中华优秀传统文化融入学校思想识别系统、行为识别系统、形象识别系统之中，营造体现主流意识、时代特征、学校特色的校园文化氛围，教育引导广大中小学生追求美好的思想品德。要依据学校办学理念，加强校风教风学风建设，在教室张贴社会主义核心价值观24字或书写上墙，让学生熟练背诵，教育引导学生熟知生活中的基本行为规范，践行每一项要求。要利用好中华传统节日和重大纪念日、节庆日、升旗仪式，组织开展丰富多彩、生动活泼的社会主义核心价值观主题教育和活动，引导学生传承中华优秀传统文化、传承红色基因，激发学生的爱党爱国热情，陶冶中小学生的价值观。要发挥先进典型和英雄模范的榜样作用，用航天英雄、奥运冠军、大科学家、劳动模范、优秀志愿者和那些助人为乐、见义勇为、诚实守信、敬业奉献、孝老爱亲的道德模范的先进事迹和崇高精神引导学生崇德向善、见贤思齐，提高自己的道德修养。

三、社会实践体验

社会实践是培育和践行社会主义核心价值观的主要途径，要细化为贴近学生的具体要求，转化为实实在在的行动。中小学要广泛利用博物馆、纪念馆、美术馆、科技馆、爱国主义教育基地、国防教育基地、青少年活动中心、研学基地等社会资源，组织学生定期开展参观体验、专题调查、研学旅行、寻访红色足迹等活动，组织学生近距离触摸历史、认识社会、体验美丽中国，激发对党、对国家、对民族、对家园的热爱之情。要发挥企事业单位、科研院所、高新企业、现代工厂农场、劳动基地等校外活动场所的作用，组织学生开展学工、学农体验活动和志愿服务、参观考察、社会调查、研究性学习等实践活动，引导学生从课上走到课下，从校内走向校外，从思想认知到亲身体验，通过实践体验产生强烈的情感共鸣。要组织学生参加志愿服务和社会公益活动，开展以诚实守信、文明礼貌、遵纪守法、勤劳好学、节约环保、团结友爱等为主题的系列行动，促进社会主义核心价值观逐步内化为终身受益的行为习惯和道德自觉。

四、制度规范养成

制度规范是社会主义核心价值观建设的有力保障，制度规范的价值坐标指向哪里，人们的思想行为就会趋向哪里。中小学要将社会主义核心价值观的各层面要求贯穿于学校管理制度的每一个细节之中，引导、约束和激励学生，把外部要求转化为内在自觉。要遵循社会主义核心价值观教育的基本规律，结合本地本校实际，优化学校内部治理结构，完善学校管理、教育教学、人才培养、综合评价等各方面制度规章规范的设计、制定和完善工作，使社会主义核心价值观教育具象化、生活化、日常化，引导广大教师自觉践行社会主义核心价值观，爱岗敬业，教书育人，做学生健康成长的指导者和引路人。要加强学生的行为规范管理、班级民主管理和各种面向学生制定的规章制度，明确学校各个岗位教职员工的育人责任，把育人要求和岗位职责统一起来，将学生的全面发展作为学校一切工作的出发点和落脚点，引导中小学生养成遵纪守法、遵守规则的意识和行为习惯。要充分发挥学校党组织和校务委员会、家长委员会的作用，推动形成培育和践行社会主义核心价值观的良好生态环境。要加强班主任培训，提高班主任工作能力，探索推行德育导师制。加强师德建设，建立健全师德建设长效机制。

社会主义核心价值观教育是一项具有长期性、系统性、复杂性的工程，需要学校着力探索有效路径、创新方式方法、形成长效机制，真正把社会主义核心价值观教育的要求落到实处、落到每一所学校、落到每一个学生身上。

第三节　培育社会主义核心价值观的保障措施

社会主义核心价值观是内化于心的一种认知，外化于行的一种习惯，不能靠"紧一阵松一阵"的"运动式"进行建设，更不能停留在口号上、悬挂在墙壁上，需要不断提升教师队伍师德师风水平，构建家校协同机制，净化学生成长外部环境，为培育社会主义核心价值观提供强有力的保障，方能见到成效。

一、加强师德建设

教育者先受教育。培育社会主义核心价值观需要有一支发自内心认同并践行社会主义核心价值观的教师队伍。中小学要加强教师队伍的师德师风建设，引导教师成为"有理想信念、有道德情操、有扎实学识、有仁爱之心"的"四有"好老师，做学生"锤炼品格、学习知识、创新思维、奉献祖国"的引路人，把"心有大我、至诚报国的理想信念，言为士则、行为世范的道德情操，启智润心、因材施教的育人智慧，勤学笃行、求是创新的躬耕态度，乐教爱生、甘于奉献的仁爱之心，胸怀天下、以文化人的弘道追求"的教育家精神作为自己毕生追求，成为学生"为学、为事、为人"的"大先生"。要不断增强教师的价值判断力和道德责任感，引导教师努力做精于"传道授业解惑"的"经师"和"人师"的统一者，成为被社会尊重的楷模，成为世人效法的榜样。要加大对全体教师社会主义核心价值观教育的实践能力的培养培训，理清社会主义核心价值观的历史脉络、核心要素、精神实质和实现路径等，形成符合学校特色、文化传统和师生实际的培育理念思路、方式方法和长效机制。要注重加强中小学班主任队伍建设，保障各项待遇，提高专业化水平，充分发挥他们在德育工作中的骨干作用。要开展师德优秀教师、优秀班主任等榜样选树活动，大力宣传先进事迹，引导广大教师用自己的学识、阅历、经验点燃学生对真善美的向往，全面提高教师思想政治素质和师德水平。

二、加强家校协同

家庭是人生的第一所学校，承担对学生实施家庭教育的主体责任；家长是学生的第一任老师，对学生道德品质、身体素质、生活技能、文化修养、行为习惯等方面的培育、引导和影响具有学校教育无法替代的重要作用。中小学要引导家长注重家庭建设，培育积极健康的家庭文化，树立和传承优良家风，弘扬中华民族家庭美德，共同构建文明、和睦的家庭关系，为学生健康成长营造良好的家庭环境，用正确思想、方法和行为教育学生崇德向善、尊老爱幼、热爱家庭、勤俭节约、团结互助、诚信友爱、遵纪守法，培养其良好社会公德、家庭美德、个人品德意识和法治意识。要引导家长以立德树人为根本任务，将社会主义核心价值观融入家庭教育，通过家长的言传身教，弘扬中华民族优秀传统文化、革命文化、社会主义先进文化，促进学生养成爱党、爱国、爱人民、爱集体、爱社会主义等良好思想、品行和习惯，和学校教育同向同行，共同承担教育责任。要加强对家庭教育工作的指导，统筹家长委员会、家长学校、家长会、家访、家长开放日、家长接待日等家校沟通渠道，举办家长培训讲座和咨询服务，组织社会实践和亲子活动，通过家长现身说法、案例教学等方式，帮助家长树立正确的教育观、成才观，营造家校协同育人的良好氛围。

三、加强网络教育

互联网在为学生学习生活带来极大便利的同时，也给有害信息的传播提供了可乘之机，网络信息已经对青少年世界观、人生观、价值观形成产生了重大影响。培育社会主义核心价值观要主动适应"互联网+"的发展趋势，重视学校网站和微博、微信、公众号等新媒体的建设运用，开发学生喜爱的网络产品，传递网络正能量，为中小学生社会主义核心价值观教育提供积极健康的网络教育资源。要加强网络法治教育，增强中小学生的网络道德意识、网络法律意识，提升网络素养，引导学生科学利用网络，增强对不良信息的辨别能力，防止沉迷网络，抵制不良信息的侵害，为中小学生社会主义核心价值观教育营造风清气正的网络环境。要教育学生文明上网，提高网络责任意识，让学生正确对待网络虚拟世界，培养学生依法使用网络的意识，自觉抵制网络不法行为，努力让每一名学生都成为中国好网民，为个人幸福、社会进步、国家富强而不断成长。

培育和践行社会主义核心价值观要从中小学生的身心特点和思想实际出发，勇于改革创新，注重循序渐进，注重因材施教，润物细无声，做到知情意行相统一，引导学生将社会主义核心价值观认知转化为实践行动，促进学生为个人幸福、社会进步、国家富强而不懈奋斗。

第三章　中小学加强爱国主义教育新方法

中国是世界上历史最悠久的国家之一，中国各族人民共同创造了光辉灿烂的文化、共同缔造了统一的多民族国家。在长期的历史发展中，爱国主义精神历来是动员和鼓舞中国人民团结奋斗的一面旗帜，是推动我国社会历史前进的巨大力量，是中华民族精神的核心和最重要的精神支柱，是中国人民和中华民族维护民族独立和民族尊严的强大精神动力，激励着一代又一代中华儿女为祖国发展繁荣而自强不息、不懈奋斗。进入新时代，中华民族伟大复兴正处于关键时期。面对全球化、多元化、开放化和信息化对爱国主义教育提出的新挑战，当前社会上存在一些人侮辱国旗、国歌、国徽或者其他有损国旗、国歌、国徽尊严的行为；存在一些人甚至一些教师歪曲、丑化、亵渎、否定英雄烈士事迹精神和宣扬、美化、否认侵略战争、侵略行为和屠杀惨案的言论，不可避免地对学生认知产生错误的影响。在中小学开展深入、持久、生动的爱国主义教育，固本培元、凝心铸魂，引导学生树立正确理想、信念、人生观、价值观，使爱国主义成为学生坚定信念、精神力量和自觉行动，对于传承和发扬爱国主义传统，培育和增进对中华民族和伟大祖国的情感，振奋民族精神，增强国家凝聚力，培养担当民族复兴大任的时代新人具有重要的现实意义和深远的历史意义。

第一节　加强爱国主义教育的主要内容

弘扬爱国主义精神，要从青少年做起，这方面工作是管长久的、管根本的。爱国主义教育的内容非常广泛。从历史到现实，从物质文明到精神文明，从自然风光到物产资源，从经济到社会等各个领域都蕴藏着极为丰富的爱国主义教育的资源。中小学要善于运用国情资料，并注意挖掘和利用各种宝贵的教育资源，不断丰富爱国主义教育的内容。

一、加强思想政治教育

习近平新时代中国特色社会主义思想，是马克思主义与中国实际相结合、和中华优秀传统文化相结合的最新成果，是党和人民实践经验和集体智慧的结晶，是中国特色社会主义理论体系的重要组成部分，是全党全国人民为实现中华民族伟大复兴而奋斗的行动指南，必须长期坚持并不断发展。中小学爱国主义教育应当高举中国特色社会主义伟大旗帜，引领学生深入学习习近平新时代中国特色社会主义思想的核心要义、精神实质、丰富内涵和实践要求，紧密结合学校实际，坚持爱国和爱党、爱社会主义相统一，以维护国家统一和民族团结为着力点，把全面建成社会主义现代化强国、实现中华民族伟大复兴作为鲜明主题，让爱国主义精神在广大青少年学生心中牢牢扎根。要坚持思想引领、文化涵育，教育引导、实践养成，把爱国主义教育融入日常，因地制宜、注重实效，在知行合一、学以致用上下功夫，引导学生把对祖国的热爱之情转化为爱国报国的实际行动，真正使党的创新理论落地生根、开花结果。要把握当前弘扬爱国主义精神的根本要求，增强培育践行爱国主义的理论自信和行动自觉，引导学生把自己的前途命运和国家的前途命运结合起来，立足岗位、勤奋学习，不断增强爱国之情、砥砺强国之志、实践报国之行，增进对伟大祖国、中华民族、中华文化、中国共产党、中国特色社会主义的认同，构筑中华民族共有的精神家园。

二、加强历史宣传教育

历史是最好的教科书，也是最好的清醒剂，爱国主义精神是在中华民族漫长的历史进程中产生和发展起来的。中小学加强爱国主义教育要深入开展中华民族发展史宣传教育，使学生了解中华民族自强不息、百折不挠的发展历程，了解我国各族人民对人类文明的卓越贡献，了解我国历史上的重大事件和著名人物，了解中国人民反对外来侵略和压迫，反抗腐朽统治，争取民族独立和解放，前仆后继、浴血奋斗的精神，引导学生深刻认识自己的国家和民族"从哪里来""到哪里去"，牢记红色政权是"从哪里来"、新中国是"怎么建立起来的"，坚决反对历史虚无主义，不断增强道路自信、文化自信和民族自尊心、自信心、自豪感。要深入开展社会主义发展史、党史教育，在历史与现实、国际与国内的对比中，了解中国共产党领导全国人民为实现中华民族从"站起来""富起来"到"强起来"而英勇奋斗的崇高精神和光辉业绩，了解党领导人民进行伟大社会革命的艰苦探索和伟大成果，引导学生深刻认识中国共产党为什么"能"、马克思主义为什么"行"、中国特色社会主义为什么"好"，准确把握历史和人民选择中国共产党、选择马克思主义、选择社会主义道路的历史必然性，树立继承革命传统、弘扬革命精神、传承红色基因的决心和信心。要加强改革开放史的教育，了解改革开放以来社会主义现代化建设的伟大成就，引导学生深刻认识改革开放是党和人民大踏步赶上时代的重要法宝，是坚持和发展中国特色社会主义的必由之路，是决定当代中国命运的关键一招，也是决定实现"两个一百年"奋斗目标、实现中华民族伟大复兴的关键一招，凝聚起将改革开放进行到底的强大力量。

三、加强基本国情教育

中国特色社会主义制度和中国共产党带领人民团结奋斗的重大成就、历史经验和生动实践是进行爱国主义教育最现实、最生动的教材。中小学爱国主义教育要加强基本国情教育，帮助学生系统地了解我国经济、政治、军事、外交以及社会、文化、人口、资源等方面的历史与现状，引导学生深刻认识我国的发展阶段、历史方位、主要矛盾的变化等基本国情并准确把握中国式现代化建设的特征、目标、步骤和宏伟前景，帮助学生树立正确的历史观、大局观、角色观。要进行国际形势教育，帮助学生了解当代中国面临的整个世界环境，并从中国和世界其他不同类型国家的对比中，深刻认识到世界正经历百年未有之大变局，准确把握中国仍处于发展的重要战略机遇期，并看到中国的优势和差距、有利条件和不利因素，引导学生理解基于国际国内形势发展变化，新时代中国采取的路线、方针、政策，增强做好自己的事情的使命感和社会责任感。要加强理想信念教育，运用中国改革开放和现代化建设的巨大成就与成功经验教育引导学生充分认识中国特色社会主义迈进新时代的长期性、复杂性、艰巨性，直面风险挑战，更好地发扬斗争精神，增强斗争本领，进一步坚定社会主义信念，在进行伟大斗争中更好地弘扬爱国主义精神。要加强中国梦教育，引导学生深刻认识中国梦是国家的梦、民族的梦，也是每个中国人的梦，深刻认识中华民族伟大复兴绝不是轻轻松松、敲锣打鼓就能实现的，要付出更为艰巨、更为艰苦的努力，争做新时代的奋斗者、追梦人。

四、加强民族精神教育

中华文化源远流长，上下五千年，是世界上唯一没有出现文化断层的文明，它深深地流淌在每一个中华儿女的血液里，影响着每一个中国人的思想价值观念、思维行为模式。传承和弘扬中华优秀传统文化，对祖国悠久历史、深厚文化的理解和接受，是爱国主义情感培育和发展的重要条件，这里所说的中华优秀传统文化，包括我们党在领导人民进行革命、建设、改革的伟大实践中，创造的革命文化、红色文化和社会主义先进文化。中小学爱国主义教育要加强中华优秀传统文化教育，使学生了解中华民族在创造灿烂中华文明的过程中，形成了具有强大生命力的传统文化和丰厚的文化遗产，其内容博大精深，不仅包括哲学、社会科学、文学艺术、科学技术等方面的成就，而且蕴含着崇高的民族精神、民族气节和优良道德；不仅孕育了无数杰出的政治家、思想家、文艺家、科学家、教育家、军事家，而且留下了丰富的文物史迹、经典著作，引导学生了解中华民族的悠久历史和灿烂文化，从历史中汲取营养和智慧，自觉延续文化基因，增强民族自尊心、自信心和自豪感。要加强民族精神和时代精神教育，使学生了解在长期革命和建设中形成的井冈山精神、长征精神、延安精神、抗战精神、西柏坡精神、雷锋精神、大庆精神、"两弹一星"精神、载人航天精神、抗震救灾精神、抗疫精神等富有时代特征、民族特色的宝贵精神图谱，大力弘扬中国人民在长期奋斗中形成的伟大创造精神、伟大奋斗精神、伟大团结精神、伟大梦想精神，凝心聚力的兴国之魂、强国之魂，不断实现着中华文化的再生再造。要加强集体主义教育，使学生了解人民群众在新时代的新实践、新业绩、新作为，坚守正道，不断提高集体主义的思想觉悟、道德水准和文明素养，引导学生不断增强中华民族的归属感、认同感、尊严感、荣誉感，成为担当民族复兴大任的时代新人。

五、加强法治安全教育

宪法和法律是广大人民意志和利益的体现。爱国主义教育与法治教育、国防教育、国家安全教育目标一致、互为支撑。要加强国家安全教育，深入学习宣传总体国家安全观，增强学生国家安全意识，从小引导学生科学识辨国家风险，做到居安思危、防患未然，自觉同一切出卖国家利益、损害国家尊严、危害国家安全的言行进行斗争，使维护国家安全成为学生的思想共识和行动自觉。要加强国防教育，增强学生国防意识，从小引导学生关心国防、热爱国防、建设国防，提高抵御外敌入侵、捍卫祖国独立、维护国家主权和领土完整的自觉性。

六、加强国家认同教育

实现祖国统一、维护民族团结，是中华民族的不懈追求，每一位公民都有维护国家统一和全国各民族团结的义务。中小学爱国主义教育要以维护国家统一和民族团结为着力点，引导学生不断增强国家意识和民族共同体意识。要加强祖国统一教育，全面、正确地宣传党和政府在祖国统一问题上的基本立场和方针政策，使学生了解祖国统一的进展情况和重点，深刻认识实现祖国完全统一是大势所趋、大义所在、民心所向，坚决与分裂祖国的言行做斗争，引导学生从小树立为早日实现祖国统一而努力奋斗的决心和信心。要进行中华民族共同体意识教育，使学生了解马克思主义民族观和党的民族政策，深刻认识中华民族是个统一的多民族的大家庭，中华民族灿烂的文化是各民族在长期发展中共同创造的，从小引导学生自觉维护民族团结，增强不同民族的交流交融，构筑中华民族共有的精神家园。

爱国主义是中华民族精神的核心，实现中华民族伟大复兴的中国梦，是当代中国爱国主义的鲜明主题。中小学要大力弘扬伟大的爱国主义精神，大力弘扬以改革创新为核心的时代精神，深化教育领域综合改革，努力培养和造就能肩负民族复兴重任的社会主义建设者和接班人。

第二节　加强爱国主义教育的实施途径

在广大青少年中开展深入、持久、生动的爱国主义宣传教育，让爱国主义精神在广大青少年心中牢牢扎根，要遵循知意行合一要求，把爱国主义教育贯穿中小学教育全过程，不断丰富爱国主义教育内涵，不断拓展教育载体，创新工作途径，增强教育效果，引导学生培养爱国之情、砥砺强国之志、实践报国之行，让爱国主义精神代代相传、发扬光大。

一、强化课程教学

学校是对学生进行教育的重要场所，课程教学是对学生进行爱国主义教育的主渠道。要把中小学课程中蕴含着的祖国壮丽的山河、悠久的历史、灿烂的文化、先辈的丰功伟绩、伟大的科技发明和创新创造成就、文学艺术经典作品，以及新中国成立以来特别是改革开放以来，我国社会主义现代化建设事业取得的举世瞩目的巨大成就等丰富的爱国主义教育资源，转化为具体的育人目标和教学内容，有机融入各具体学科教学之中，让学生潜移默化受到熏陶和鼓舞，不断增强民族自豪感。要强化革命传统教育，紧密结合爱国主义的历史形成和发展历程，讲述中国共产党建立、发展和领导社会主义革命、建设和改革的史实，学习革命领袖、英雄人物、革命事件、革命故事等具有代表性的内容，了解老一辈革命家的崇高理想、革命风范，展示中华民族伟大坚强、百折不挠的民族精神，激发学生的爱国热情和民族气节。要加强思政课建设，深刻阐述爱国主义精神核心要义和时代内涵，引导学生把爱国情、强国志、报国行自觉融入坚持和发展中国特色社会主义事业、建设社会主义现代化强国、实现中华民族伟大复兴的奋斗之中。要加强核心素养教育，通过历史事件和人物故事揭示人类社会发展的内在规律，传播正确的价值判断、价值选择，引导学生逐步树立历史唯物主义国家观，培育对社会主义未来的信心和期望，把对伟大祖国的热爱、对党的热爱植入心灵深处，自觉地将个人成长和国家命运联系在一起。要创新爱国主义教育的形式，把各学科爱国主义教育内容进行整合，开发体现爱国主义教育要求的历史、文学、音乐、美术、书法、舞蹈、戏剧、科技等方面的校本课程或选修课程，不断丰富和优化课程资源，进一步增强爱国主义吸引力、感染力。要推动爱国主义教育的教学方式创新，发挥学生主体作用，采取互动式、启发式、交流式教学，增强思想性、理论性和亲和力、针对性，在教育灌输和潜移默化中，引导学生树立国家意识、增进爱国情感。

二、举办主题活动

学生在活动中成长。要深入开展爱国主义主题活动，以座谈会、论坛讲座、主题班会、班团队会等形式，学习领会习近平新时代中国特色社会主义思想的精神实质和丰富内涵，把握当前弘扬爱国主义精神的根本要求，增强对爱国主义宣传教育的理论自信和行动自觉。要加强国旗、国徽、国歌的教育，严肃举行升旗仪式，让每个学生学会唱国歌，在校园内、教室中要悬挂中华人民共和国国旗和地图，放置著名的爱国主义历史人物、杰出科学家、文学艺术家的画像或雕塑，增强学生的爱国主义情怀和意识。要认真组织宪法宣誓仪式、入党入团入队仪式等活动，通过公开宣誓、重温誓词等形式，强化国家意识和集体观念。要充分挖掘建党节、建军节、国庆节、抗日战争胜利纪念日、烈士纪念日、南京大屠杀死难者国家公祭日等重大纪念日、重大历史事件中蕴含的爱国主义教育资源，组织开展以爱国主义为主题的系列庆祝或纪念活动，通过主题宣讲、唱红歌、共和国故事汇、游园活动和公祭活动、瞻仰纪念碑、祭扫烈士墓等形式，引导学生牢记历史、不忘过去，缅怀先烈、面向未来，激发爱党爱国热情，凝聚奋进力量。要利用春节、清明、端午、七夕、中秋、重阳等重要传统节日，开展丰富多彩、积极健康、富有价值内涵的民俗文化活动，引导学生感悟中华文化、增进家国情怀。要结合元旦、三八国际妇女节、五一国际劳动节、五四青年节、六一国际儿童节和中国农民丰收节等重要节庆，开展各具特色的庆祝活动，激发学生的爱国主义和集体主义精神。要加强社会主义核心价值观和中小学生守则教育，张贴上墙入屏，引领和规范学生思想品德和言行举止，将爱国主义教育具象化、生活化、日常化。要加强校风班风学风建设，强化校训校歌校史的爱国主义教育功能；组织开展文艺、体育、科技、读书、征文大赛、主题演讲、主题摄影及微电影创作大赛、网络文化和书信文化等校园文化活动，丰富爱国主义教育内容。要充分利用板报、橱窗、走廊、校史陈列室、广播电视网络等平台，营造体现爱国主义、时代特征和学校特色的校园文化氛围，引导广大学生树立为实现中华民族伟大复兴的中国梦而努力奋斗的信念。要发挥榜样人物的示范作用，引导学生学习爱国人物、革命英雄模范人物和当代楷模的先进事迹、崇高精神及家国情怀，选树身边的优秀师生典型，宣传他们爱国主义的朴实情怀和感人事迹，引导学生提高爱国修养和美好情操。

三、开展社会实践

爱国主义教育基地是激发爱国热情、凝聚人民力量、培育民族精神的重要场所。中小学要依托文物古迹、传统村落、民族村寨、传统建筑、农业遗迹、灌溉工程遗产、工业遗迹、自然风光、风景胜地、人文景观等爱国主义教育资源，深入挖掘其中蕴含的爱国主义内容，通过宣传展示、体验感受、人文研学旅行等多种方式，增强爱国主义教育的吸引力和感染力，激起学生对祖国壮丽河山、悠久历史文化、美丽中国建设的热爱之情。要积极利用革命博物馆、革命历史遗址、革命烈士纪念地、老一辈革命家纪念馆、烈士陵园、革命纪念设施等红色教育资源，充分挖掘红色旅游资源所蕴含的历史意义和思想价值，开展红色研学旅行、参观考察、瞻仰祭扫、征文演讲、讲座竞赛等实践活动，教育引导学生感知革命历史、感受革命精神、感悟革命文化，传承红色基因，激发对党、对国家、对民族、对家园的热爱。要利用博物馆、展览馆、美丽乡村、先进科技企业、国家重大建设工程、科学工程等主题教育基地，展现新时代风采和改革开放重大建设成果，引导学生从课上走到课下，从校内走向校外，从思想认知到亲身体验，激发学生爱国热情、弘扬民族精神的情感共鸣，并内化为终身受益的行为习惯和道德自觉。要依托社区、农村、企业、部队、社会机构，开展社会大课堂活动，组织学生参加军事训练、冬令营、夏令营、志愿服务、创新创业、公益活动等社会实践活动，引导学生更好地认识社会、了解国情民情、强化责任担当。要把爱国主义融入劳动教育，利用学校内劳动教室、菜园、果园和校外农场、企业等劳动基地，组织学生参加家务劳动、公益劳动、生产劳动，让学生明白祖国悠久灿烂的文明是中华民族勤劳和智慧的结晶，培养学生勤于劳动的积极态度、踏实肯干的优良品质、勇于创造的能力素质、热爱祖国和劳动人民的思想感情。

中小学要深入挖掘课程教育教学资源，有效拓展社会实践载体，创造浓郁的校园文化氛围，不断创新爱国主义教育的活动方法，引领学生坚定理想信念，涵养爱国情感和民族精神，提高爱国主义教育的针对性和实效性。

第三节　加强爱国主义教育的保障措施

爱国主义精神是中国人民共有的情感，是国民教育的重要内容。对每一个中国人来说，爱国是本分，也是职责，是心之所系、情之所归。中小学要加强爱国主义的宣传教育，强化制度保障，丰富教育资源，倡导知行合一，推动爱国之情转化为实际行动。

一、营造良好氛围

要让爱国主义思想成为学校的主旋律，必须创造一种浓郁的爱国主义教育氛围，使学生在学校日常生活的各个方面，都能随时随处受到爱国主义思想和精神的感染、熏陶。中小学要加强爱国主义主题教育，突出爱国主义教育的群众性、时代性、规律性，调动广大师生的积极性、主动性、创造性，把爱国主义教育融入课程教学之中，融入日常教育管理之中，融入校园活动之中。要大力传播主流价值观，引导学生正确把握中国与世界的发展大势，正确认识中国与世界的关系，既不妄自尊大也不妄自菲薄，既立足中国又面向世界，善于从不同文明中寻求智慧、汲取营养，促进人类和平与发展的崇高事业，共同推动人类文明发展进步。要创设浸润的环境，在校园张贴、悬挂、展示爱国主义主题的标语口号、宣传挂图，使爱国主义宣传接地气、有生气、聚人气，有情感、有深度、有温度。要发挥先进典型的引领作用，大力宣传为中华民族和中国人民做出贡献的英雄烈士、模范人物，宣传革命、建设、改革时期涌现出的时代楷模、道德模范、最美人物和身边好人，生动讲好爱国故事，以榜样的力量激励人、鼓舞人，引导学生把对榜样的敬仰和感动转化为爱国的实际行动。要坚持正确舆论导向，加强网上舆论引导，对虚无历史、消解主流价值的错误思想言论要敢于批驳和辨析，引导学生自觉抵制损害国家荣誉、否定中华优秀传统文化、丑化英雄模范人物的错误言行，为中小学爱国主义教育营造良好氛围。

二、强化制度保障

爱国主义教育是触及灵魂的教育，一定要有韧劲、有耐心，持之以恒，久久为功。学校要加强对爱国主义教育工作的领导，将其列入学校工作重要议事日程，纳入学校发展规划之中，经常分析新情况、新问题、新挑战，及时了解学生思想心理状况，强化对社会热点难点问题的正面引导。要加强教师培训和学习，让爱国的人教爱国，引导新时代教师把自己的理想同祖国的前途、把自己的人生同民族的命运紧密联系在一起，立足本职、拼搏奋斗、创新创造，建功新时代。要不断增强教师浓厚的家国情怀、敏锐的价值判断力和强烈的爱国责任感，引导广大教师用自己的学识、阅历、经验点燃学生爱国情感。要将学生参加爱国主义教育活动、践行爱国主义情况纳入综合素质评价，作为评价学生综合素质的重要依据。要深入学习宣传宪法、英雄烈士保护法、文物保护法等，把爱国主义精神融入学校规章制度、学生守则、日常行为规范中，教育引导学生尊重国歌、国旗、国徽等国家象征与标志，不做侵害英雄烈士姓名、肖像、名誉、荣誉等事情，爱护爱国主义教育场所设施。

三、丰富资源供给

中小学要根据学生年龄特点、认知规律，深入挖掘、搜集、传播为时代画像、为民族立传，讴歌党、讴歌祖国、讴歌人民、讴歌劳动、讴歌英雄的爱国文学、影视、词曲等优秀文化作品，建立爱国主义教育资源库，为教师开展爱国主义教育提供充足的高质量的素材，唱响爱国主义正气歌。要加强爱国主义网络空间建设，积极运用微博、微信、社交媒体、视频网站、手机客户端等传播平台，运用虚拟现实、增强现实、混合现实等新技术新产品，大力开发并积极推介体现中华文化精髓、富有爱国主义气息的网络文学、动漫作品、有声读物、网络游戏、手机游戏、音频、短视频、纪录片、微电影等适合网络传播的作品，广泛开展网上主题教育活动，让爱国主义充盈网络空间。要根据不同年龄学生兴趣特点、文化层次、接受习惯和阅读需求，为图书馆、阅览室配置充足的爱国主义教育的儿童图书、出版读物和教辅资料，为开展爱国主义读书活动提供条件，让广大青少年自觉接受爱国主义熏陶。要挖掘老干部、老战士、老专家、老教师、老模范等宝贵资源，动员他们到学校进课堂讲述亲身经历，弘扬爱国传统，激励学生崇德向善、见贤思齐。要加强家校合作，落实家长在爱国主义教育中的主体责任，引导家长注重家庭、注重家教、注重家风，积极发挥家庭教育在学生爱国意识形成和成长成才过程中的重要作用。要统筹校外教育资源，建好用好爱国主义教育基地，充分发挥各级各类文化馆、纪念馆、博物馆、福利院、旅游景点、部队营地等场所的爱国主义教育功能，为学生从课上走到课下，从校内走向校外，把爱国情感内化为道德自觉、外化为爱国行为，提供实践场所。

伟大事业需要伟大精神，伟大精神铸就伟大梦想。爱国主义是思想的洗礼、精神的熏陶。加强爱国主义教育就要把国家富强、民族振兴、人民幸福作为不懈追求，厚植家国情怀，培育精神家园，引导广大师生坚持中国道路、弘扬中国精神、凝聚中国力量，为实现中华民族伟大复兴的中国梦提供强大精神动力。

第四章　中小学传承中华优秀
传统文化新方法

中华优秀传统文化是中华民族的智慧结晶和精华所在，是中华民族的精神命脉，是中华民族的根和魂。在五千多年的发展中，中华民族形成了团结统一、爱好和平、勤劳勇敢、自强不息的伟大民族精神和以改革创新为核心的时代精神，形成了中华民族区别于其他民族独有的讲仁爱、重民本、守诚信、崇正义、尚和合、求大同的思想认识和自强不息、敬业乐群、扶正扬善、扶危济困、见义勇为、孝老爱亲等高尚道德观念，蕴含着丰富的人生哲学思想与道德修养方法。中小学要把传承中华优秀传统文化作为德育工作的重要内容，进一步加强中华优秀传统文化教育，落实立德树人的根本任务，引领学生从中华优秀传统文化中汲取精神养分，在追求崇高精神境界中创造幸福人生。

第一节　传承中华优秀传统文化的重要意义

当今世界处于百年未有之大变局的加速演进之中，世界范围内各种思想文化的交融交锋更加频繁，文化日益成为综合国力竞争的重要组成部分。在中小学加强传承中华优秀传统文化教育，有利于落实立德树人的根本任务，有利于增强中小学生文化自信，必然会成为中国在世界文化激荡中站稳脚跟的根基，凝聚和团结全民族为中华民族伟大复兴而奋斗的强大精神力量。

一、传承中华优秀传统文化是增强文化自信的重要渠道

中华民族有五千多年悠久文明的历史，也是世界唯一没有中断的文明，在长期历史发展中创造了灿烂的文明。中小学传承中华优秀传统文化具有深厚的历史渊源和广泛的现实基础。当前，一些西方国家打着"普世价值"的旗号，不遗余力地对中国加紧意识形态输出，不断进行西方"自由、民主、人权"等观念的思想文化渗透，企图对我国实行"西化""分化"，导致在中小学生中出现一些否定中国历史、丑化英雄模范人物和"唯洋为美""唯西是从"等不良现象。面对这种局面，中小学要加强传承中华优秀传统文化教育，引导学生更加全面、更加准确地认识中华民族的优秀传统文化积淀和博大精深的思想，帮助学生深刻理解中国基本国情，正确把握中国选择适合自己发展道路的历史必然性，不断增强广大学生对民族优秀文化的认同和自信，增强民族自尊心、自豪感，从小树立

为实现中华民族伟大复兴中国梦而奋斗的理想信念。

二、传承中华优秀传统文化是落实立德树人的重要载体

教育是国之大计，承担着为党育才、为国育人的神圣职责和使命。随着世界多极化、经济全球化和信息技术的迅猛发展，中小学生思想观念日益活跃，价值追求更加多元，个性特点更加鲜明，社会上一些极端个人主义、利己主义、拜金主义等不良思想倾向和行为对学生健康成长产生了不容忽视的影响和冲击，在中小学生中滋长了一些不良风气。如有的学生信仰缺失、精神迷惘，有的学生价值观扭曲、唯利是图，有的学生是非、善恶、美丑不分，有的学生不讲社会良知和社会责任等，亟待引起重视并加以解决。中小学传承中华优秀传统文化，要以问题为导向，深入挖掘优秀传统文化中蕴含的丰富的立德树人资源，围绕中华民族优秀的民族精神、传统美德、道德观念，帮助和教育学生在价值观层面把"修身、齐家、治国、平天下"和"立德、立言、立功、立命"等中华民族的价值追求统一到社会主义核心价值观上来；在行为层面把"先天下之忧而忧，后天下之乐而乐"等优秀的民族精神统一到实现中华民族伟大复兴的中国梦的生动实践中来，引导学生把个人的人生理想同党和人民的事业紧密联系起来，全面提升学生的理想信念、道德品质、知识智力、身心素质。

三、传承中华优秀传统文化是提高育人质量的重要要求

青少年学生是祖国的未来、民族的希望，承担着实现第二个百

年奋斗目标的历史重任。近年来，中小学中华优秀传统文化教育不断加强，取得了显著成效，但在教育教学中也存在不少突出问题。如一些学校对中华优秀传统文化教育重要性的认识不到位，教育教学系统性、整体性还明显不足，课程体系有待完善；一些教师在教育教学中存在重智育轻德育、重教书轻育人、重知识讲授轻精神内涵的现象，教师队伍整体素质有待提升。中小学加强中华优秀传统文化教育，要不断深化教育教学改革，引导学生以礼敬自豪的态度对待中华优秀传统文化，让中华文化基因更好地植根于学生的思想意识和道德观念，帮助学生树立正确价值追求，形成科学的思维方法，培养远大理想和志向，提升核心素养，促进全面发展。

第二节　传承中华优秀传统文化的主要内容

中华优秀传统文化博大精深，凝聚着中华民族普遍认同和广泛接受的道德规范、思想品格和价值取向，是中华民族语言习惯、文化传统、思想观念、情感认同的集中体现，涉及思想、政治、文化、社会等各领域。传承中华优秀传统文化，要弘扬民族精神和时代精神，传承中华传统美德，强化学生的家国情怀教育、社会关爱教育、人格修养教育，着力完善学生的道德品质，培育理想人格，提升核心素养。

一、弘扬中华优秀的民族精神

中华民族是一个具有悠久历史和灿烂文明的民族，在五千多年的发展中孕育并产生了以弘扬爱国主义精神为核心的民族精神，这些精神包含"天下兴亡，匹夫有责"的担当意识，"精忠报国，振兴中华"的爱国情怀，"苟利国家生死以，岂因祸福避趋之"的献身精神，"先天下之忧而忧，后天下之乐而乐"的崇高志向等，已经深深地印在中国人的骨子里，成为中华民族共同的记忆和一种深刻的思想认识和行为习惯。中小学传承中华优秀传统文化就要用历史唯物主义和辩证唯物主义的立场、观点和方法，深入挖掘和阐发中华优秀传统文化讲仁爱、重民本、守诚信、崇正义、尚和合、求大同的时代价值，以培育爱国主义为核心的团结统一、爱好和平、勤劳勇敢、自强不息的民族精神为主线，开展以"天下兴亡，匹夫有责"为重点的家国情怀教育，着力引导学生增强国家认同，培养爱国情感，树立民族自信，形成为实现中华民族伟大复兴中国梦而不懈努力的共同理想追求，引导学生立德、明志、笃行。

二、发扬改革创新的时代精神

近代以来，中国共产党把马克思主义和中国实际、中华优秀传统文化相结合，带领中国人民从"站起来""富起来"到"强起来"，形成了以改革创新为核心的时代精神。这种精神诞生于中华民族悠久的历史发展进程，升华于中国共产党百年的奋斗历程，体现在改革开放和社会主义现代化伟大事业的建设。中小学传承中华优秀传统文化就要继承和发扬中国共产党成立以来带领中国人民在不畏强暴、英勇抗争、取得胜利的历史中创造的革命和拼命精神、严守纪律和自我牺牲精神、大公无私和先人后己精神、表现出来的压倒一切敌人压倒一切困难的精神、坚持革命乐观主义排除万难去争取胜利的精神，包括革命战争年代形成的井冈山精神、长征精神、延安精神、红岩精神、西柏坡精神等，培养学生爱党、爱国、爱社会主义的情感，传承红色基因，赓续红色血脉。特别是要了解改革开放以来，中国共产党带领中国人民在中国特色社会主义建设实践中形成的解放思想、实事求是、与时俱进、求真务实的理念，倡导"幸福源自奋斗""成功在于奉献""平凡孕育伟大"的理念，弘扬新中国成立以来在社会主义革命和建设历史时期形成的大庆精神、"两弹一星"精神、雷锋精神、抗洪精神、抗疫精神、载人航天精神等，引领学生传承中国人民伟大创造精神、伟大奋斗精神、伟大团结精神、伟大梦想精神，构筑中华民族共有精神家园，使学生保持昂扬向上、奋发有为的精神状态。

三、传承中华优秀的传统美德

中华传统美德是中华文化的精髓，是道德建设的不竭源泉，是中小学传承中华优秀传统文化和民族精神教育的重点。要引导学生弘扬中华民族在五千多年的历史中孕育的灿烂的优秀传统美德，如公正无私、疾恶如仇、诚实笃信、不尚空谈、戒奢节俭、防微杜渐、三省吾身、豁达大度、温良恭俭让等修身之道；敬业乐群、公而忘私的奉献精神；自强不息、艰苦奋斗、勤劳勇敢的昂扬锐气；"富贵不能淫，贫贱不能移，威武不能屈"的浩然正气；厚德载物、达济天下的广阔胸襟；奋不顾身、舍生取义、见义勇为的英雄气概；"以天下为己任"的社会理想；"己所不欲，勿施于人"的社会风尚等。要充分发掘文化经典、历史遗存、文物古迹承载的丰厚道德资源，弘扬古圣先贤、民族英雄、志士仁人的嘉言懿行，帮助学生了解中华民族的历史和优良传统，中华民族创造的灿烂文化对人类发展的贡献，影响中国历史发展的重大历史事件和著名历史人物，使之与现代文化、现实生活相融相通，成为涵养学生精神生活的丰厚土壤和新时代道德实践的鲜明标识。

四、培育学生良好的人格修养

培育良好的人格修养是传承中华优秀传统文化的重要组成部分。自古以来，中国人就有崇德向善、见贤思齐的社会风尚，求同存异、和而不同的处世方法，仁爱共济、立己达人的关爱精神，正心笃志、崇德弘毅的志向追求，自力更生、奋发图强的创造品质，文以载道、以文化人的教化思想，形神兼备、情景交融的美学追求等中华人文精神，体现了中国人"修身、齐家、治国、平天下"的精神追求和"立德、立言、立功"的道德修养。中小学传承中华优秀传统文化就要着力引导学生正确处理人与人、人与社会、人与自然的关系，帮助学生在对待自我上自主学习、明辨是非、遵纪守法、坚韧豁达、奋发向上、主动发展，在对待他人上心存善念、理解他人、尊老爱幼、扶残济困，在对待集体上要有集体主义精神、关心社会、乐于奉献、热心公益慈善，在对待自然上要有生态文明意识、尊重自然、低碳环保生活，从小培养学生形成良好的道德品质和行为习惯，立志做高素养、讲文明、有爱心的中国人。

第三节　传承中华优秀传统文化的实施途径

传承中华优秀传统文化要坚持以学生为主体、以课程为阵地、以活动为载体、以实践为基础，把传承中华优秀传统文化与生产劳动和社会实践结合起来，与时代和社会进步结合起来，与家庭和社会教育结合起来。

一、在课程教学中传承中华优秀传统文化

课程教学是传承中华优秀传统文化的主阵地。中小学要围绕立德树人的根本任务，结合学科特点和不同年龄段学生认知特点，深度挖掘国家课程优秀传统文化内容，把中华优秀传统文化教育融入课程教学中。如语文要通过优秀古诗文、重要文章篇目、书法写作等方面的学习和在"综合性学习"栏目中的中国传统文化专题的教学，使学生感受中华文化的丰厚博大，引导学生传承和弘扬中华优秀传统文化；思想政治课要以学生生活经验为基础，通过开展传统文化相关教育活动，介绍传统节日、民歌民谣、传统美德、民族精神、古代辉煌科技成就等，培养学生对中华优秀传统文化的亲切感；历史课要通过重要历史人物、历史事件和经济、社会、科技、文化发展成就，向学生展现中华民族悠久的历史、灿烂的文化，树立中华传统文化意识，培养学生文化自信；数学、物理、化学、生物、科学等理科课程应结合教学内容，有机渗透中国科学家的科学成就和民族精神的内容，让学生了解中国科学技术发展成就，培养

民族自豪感；艺术课（音乐、美术等）要通过中国经典民乐、民歌、戏剧、绘画、书法、剪纸、篆刻等内容教学，引导学生感受、体验音乐中的民族文化特征，增强文化自信。体育健康课应适量增加中国武术等民间传统体育活动，引导学生传承中华体育精神，强身健体。要充分挖掘和利用本地中华优秀传统文化教育资源，因地制宜，积极探索国家课程校本化，鼓励在传统文化方面学有所长的老师们自愿报名，开发中华礼仪、文化、科技、哲学、经济等方面传统文化校本课程，不断丰富教育内容和方法，增加教育的实效性。

二、在主题活动中渗透中华优秀传统文化

中小学传承中华优秀传统文化要通过组织学校中华优秀传统文化节，开展曲艺、诗词、书法、绘画、篆刻、摄影、武术、乐舞、礼仪、经典诵读、戏剧戏曲、民间美术和传统手工技艺等为重点内容的评比展示活动，在潜移默化、耳濡目染中传承中华优秀传统文化。要开展高雅艺术、非遗文化进校园活动，通过中国传统文化艺术经典、优秀民族艺术剧目、中国现代经典剧目的演出和非物质文化展示等实践体验，增加学生对传统文化的认同和传承的自觉。要深入挖掘春节、元宵节、清明节、端午节、中秋节、重阳节等中华民族传统节日的丰富内涵，集中展示传承中华优秀传统文化的成果，引导学生了解家乡的生活习俗，尊老敬贤、家庭和睦，陶冶中小学生的心灵、增强中华民族共同体意识。要利用劳动节、青年节、儿童节、建军节、教师节、国庆节等重要节日和七七事变、

九一八事变、一二·九运动等重要事件纪念日，教育引导广大中小学生传承红色基因，追求美好思想品德，激发爱党爱国热情。要开展主题校（班）会、团（队）会，请革命先辈和各行业的英雄模范做报告、讲故事，组织学生观看反映伟大民族精神的红色影视片等，用事实说话，用典型说话，用学生熟悉的语言和喜闻乐见的方式开展教育活动。要通过晨会、课堂教学、课外活动等多种途径，组织开展集中体现中华传统美德和革命传统的经典格言、诗词诵读活动，教唱以爱国主义为主旋律的歌曲，以情动人、以事感人、以理服人，潜移默化陶冶学生情操。

三、在社会实践中弘扬中华优秀传统文化

综合实践活动是青少年学生感知历史、了解现在、探索未来的重要方式，日益成为弘扬中华优秀传统文化、促进学生综合素质全面发展的重要阵地。综合实践活动要从学生的学习生活实际出发，从学生最关心的问题入手，将传统文化教育专题转化为学生感兴趣的实践活动，创设教育情境，引导学生通过考察探究、体验操作等方式，理解并践行优秀传统文化。要善于挖掘和利用当地体现中华优秀传统文化的博物馆、展览馆、纪念馆、文化馆（站）、图书馆、美术馆、音乐厅、剧院、故居旧址、名胜古迹、文化遗产、历史遗址、具有历史文化风貌的街区、爱国主义教育基地、研学基（营）地、非物质文化教育基地等校外教育资源，组织学生开展实地参观、考察、研学、瞻仰、祭扫、缅怀等丰富多彩的社会实践活动，使学生在社会实践活动中体验、感悟、认同博大精深的中华优

秀传统文化，鼓励和引导学生知行合一、身体力行，传承和弘扬中华民族精神。要把传承中华优秀传统文化纳入教育教学计划，把它有机地渗透和融合到综合实践活动的教学之中，组织学生参观现代城市、美丽乡村和先进的企事业单位，开展征文、演讲、讲座、知识竞赛、社会调查等教育活动，引导学生了解中国共产党带领中国人民在进行革命、建设和改革的伟大实践中创造的鲜明独特、奋发向上的革命文化、红色文化和取得的伟大成就，发挥育人作用。

四、在校园环境中熏陶中华优秀传统文化

中小学要将中华优秀传统文化教育、革命传统教育、时代精神教育与校园文化建设结合起来，既注重精神的传承，也注重形式和载体的创新，使中华优秀传统文化融入校园物质文化、精神文化、制度文化、行为文化之中。要开展中华优秀传统文化进校园活动，邀请非物质文化遗产传承人、英雄模范人物、大国工匠等名家、大家进校园，开设"名家大讲堂"，提升学生对中华优秀传统文化和民族精神的情感体验和认知实践。依托少先队、共青团、学生会、学生社团等，开展中华优秀传统文化的主题教育、理论研讨、社会实践、志愿服务等形式多样、丰富多彩的活动，发挥其独特的文化育人作用。要加强校风、班风、学风建设，组织开展丰富多彩、生动活泼的文艺、体育、科技活动，充分利用板报、橱窗、走廊、校史陈列室、广播电视网络、文化长廊等校园文化设施阵地，大力宣传和弘扬中华优秀传统文化和民族精神，营造体现主流价值、时代特征和学校特色的校园文化氛围。校园内要张贴、悬挂革命领袖、

中华民族杰出人物、英雄模范人物的画像，制作体现中华优秀传统文化的雕塑、灯箱、语录牌等，营造弘扬和培育民族精神的浓厚校园氛围。

第四节　传承中华优秀传统文化的保障措施

传承中华优秀传统文化，既要继承和发扬长期行之有效的好经验和好做法，又要紧跟时代前进的步伐，不断更新观念，在内容、方法、手段和机制等方面积极探索创新，采用新技术，开辟新渠道，占领新阵地。

一、提升师资水平

中小学要提高教师对传承中华优秀传统文化重要性的认识，加强面向全体教师的中华优秀传统文化教育培训和校本研修力度，为教师提供专业服务和指导，提高教师开展中华优秀传统文化教育的能力。要以语文、历史、政治三科为牵头学科，组建地理、数学、物理、化学、体育、音乐、美术等学科参与的中华优秀传统文化课程群，以班主任和学科群教师为主开展传统文化体验、研修活动。要开展中华优秀传统文化教学案例征集、评选和交流，促进教师不断反思、改进教学方式，提升教师传统文化素养，培养和造就一批中华优秀传统文化教学名师和学科领军人才。要充分发挥专业人才作用，完善英雄模范人物、科学家、大国工匠、民间艺人、技艺大师、非物质文化遗产传承人等方面专家学者、专业人才参与学校中华优秀传统文化教育的机制，为开展中华优秀传统文化教育提供专业力量和智力支持。要成立中华优秀传统文化教育的跨学科、跨年级的教研组、备课组，深入开展中华优秀传统文化教育教学研究，不断丰富教学资源，为中华优秀传统文化教育教学提供理论基础和学理支撑。

二、丰富教育资源

中小学要利用校园广播、电视、校报、校刊、网络等媒体，按照不同学段学生学习特点，搜集整理学生喜爱的影视片、音像制品和文学艺术等中华传统文化精品佳作，充实和丰富中华优秀传统文化教育资源库，为教师开展中华优秀传统文化教育提供充足的教育资源。要拓宽适合学生学习特点的线上教育平台，利用学校网站、微信、视频、公众号等新媒体平台，选取一批有代表性的中华经典文化作品，开设传统文化教育专栏，进行形式活泼、内容丰富的在线学习。要充分拓展社会资源，利用博物馆、纪念馆、艺术馆、非物质文化遗产传承所、研学实践基（营）地、爱国主义教育基（营）地等校外教育资源，建立中华优秀传统文化教育实践基（营）地，为学生开展考察探究、体验操作、主题教育实践活动、志愿服务和公益性活动等提供场所，让学生在实践中践行中华优秀传统美德，弘扬中华优秀传统文化。

三、共建共育合力

传承中华优秀传统文化是一项系统工程，要整合和利用学校、家庭、社会的各种教育资源，协调各方面力量，形成教育合力。学校要发挥核心领导作用，指导学校工会、共青团、少先队发挥自身作用，团结和带领教职员工特别是班主任教书育人、管理育人、服务育人，主动承担弘扬和培育中华民族精神教育的应尽职责。要充分发挥社会上非遗传承人、文化志愿者、文化辅导员、文艺工作者及文化经营者的作用，通过建立非遗传承人工作室、中华优秀传统文化工作坊、义工联盟等形式，组织中华优秀传统文化进校园、进课堂，传承中华优秀传统文化。要充分发挥家庭在中华优秀传统文化教育中的重要作用，把学校教育与家庭教育紧密结合起来，倡导家长通过言传身教，形成爱国守法、遵守公德、珍视亲情、勤俭持家、邻里和睦的良好家风，为孩子传承中华优秀传统文化营造良好的家庭氛围。要发挥媒体宣传引领作用，积极开展公益宣传，创作更多更好的优秀传统文化作品，推动优秀传统文化传播和营造良好社会氛围。

传承中华优秀传统文化，要引导学生了解、感受、理解、认同中华优秀传统文化，帮助学生感悟中华优秀传统文化的精神内涵和最深沉的精神追求。

第五章　中小学上好思想政治课新方法

古人云："蒙以养正，圣功也。"青少年是祖国的未来、民族的希望，中小学阶段是学生人生成长的重要阶段，心智逐渐健全，思维进入最活跃状态，最需要精心引导和栽培，教给他们正确的思想，引导他们走正路。上好学校思政课，关乎社会主义事业后继有人，关乎中华民族千秋伟业，关乎学生一生成长成才的思想基础。中小学要提高政治站位，深化思想认识，从党和国家事业长远发展的战略高度出发，高度重视思政课建设，引导教师上好新时代思政课，让思政课成为学生淬炼信仰的熔炉、强基铸魂的沃土。

第一节　上好思想政治课的重要意义

中国梦是历史的、现实的，也是未来的；是我们这一代的，更是青年一代的。今天的学生既是追梦者，也是圆梦人。中小学培养的人要能够承担实现第二个百年奋斗目标的历史使命，这就是教育的历史责任。上好思政课，引导学生立大志、明大德、担大任、成大才，国家就有前途，民族就有希望。

一、上好思想政治课是时代发展的必然要求

时代越向前、中国越发展，越要上好思政课。当今世界处于百年未有之大变局，中国也正处于全面建设社会主义现代化国家、实现中华民族伟大复兴的关键时期，"培养什么样的人"就显得极为重要。当代学生生逢伟大时代，既面临难得的人生际遇，也承担重要的历史任务，这一切绝不是轻轻松松、敲锣打鼓就能实现的，需要在一代又一代人的接续奋斗中才能变为现实。随着中国日益走近世界舞台中央，教育发展的主要矛盾正在发生着深刻的变化，各种思潮交流、交融、交锋，各种矛盾和热点问题叠加出现，意识形态领域面临的形势和斗争也更加复杂，这就要求中小学要站在社会主义事业后继有人的高度，立足中国特色社会主义新时代，紧扣中华民族伟大复兴的时代主题，培养立志于中华民族伟大复兴的千秋伟业的有用人才，引导学生从小树立爱党、爱国、爱社会主义、爱人民的思想情感和为把中国建设成社会主义现代化强国而奉献终生的远大志向。

二、上好思想政治课是学生成长的现实要求

青少年是祖国的未来、民族的希望，也是国家的未来和希望。人的成长、成熟、成才不是一蹴而就的，而是一个渐进的过程。今天的中小学生不仅是中国全面建成小康社会成果的见证者和共享者，更是全面建设社会主义现代化国家、实现中华民族伟大复兴的

参与者和贡献者，中小学阶段正是他们人生的"拔节孕穗期"，更需要精心引导和栽培。学校不是一座"象牙塔"，也不是一个"桃花源"，而是意识形态工作的前沿阵地，是和敌对势力争夺下一代的主战场。随着国际国内形势深刻变化和我国经济社会深刻变革，不良思想文化和网络有害信息不断向青少年渗透、侵蚀，潜移默化地影响着学生的世界观、人生观、价值观。在一些学生中存在拜金主义、享乐主义、极端个人主义等错误思想认识，一些学生是非不分、善恶不清、美丑不辨，有的甚至突破公序良俗底线，伤害国家尊严和民族感情。这些都迫切要求加强思政课建设，引导学生用习近平新时代中国特色社会主义思想强基铸魂。

三、上好思想政治课是立德树人的本质要求

思政课是落实立德树人根本任务的关键课程，是贯彻落实习近平新时代中国特色社会主义思想指导地位的重要阵地，是落实党的教育方针在学校中的首要载体，是社会主义办学方向的根本体现。但长期以来，思政课在一定程度上被弱化、边缘化，导致一些教师对思政课的重要性认识不足、定位不高，未把思政课摆在突出位置；一些教师的课程教学内容不新、形式不活，难以应对复杂多变的社会现象；一些教师的教育教学方法单一、针对性不强，育人实效还需要提升；一些教师的理想信念不坚、信仰缺失，政治素质和工作能力还要提升；等等。这些问题都严重影响了思政课的效果，迫切需要中小学提高思想认识、改进方法，切实提高思政课质量，引导学生立大德、明大志，正确认识世界和中国发展大势，勇于承担时

代责任和历史使命，做新时代的奋进者、开拓者、奉献者。

第二节　上好思想政治课的实施途径

教育对实现中华民族伟大复兴具有决定性意义。思政课是教育的根和魂，中小学要把思政课建设摆在更加突出的重要位置，坚持正确的价值导向，牢牢把握思政课在意识形态领域的指导地位，率先回答好"培养什么人、怎样培养人、为谁培养人"这道"必答题"，进一步明确什么是党和国家最重要的利益，什么是最需要坚定维护的立场，从每一节思政课开始，积基树本，培根铸魂，启智润心。

一、坚持正确的价值导向

中小学思想政治课的学科特点决定了它是培养学生世界观、人生观、价值观的"第一课程"，承担着提高学生思想水平、政治觉悟、品德修养、文化素养的重要责任，责任神圣，使命光荣。中小学要忠诚于党的教育事业，满怀对人民的无限热爱，努力上好思政课，为实现中华民族伟大复兴的中国梦提供坚强人才支撑。

（一）守好思想政治"主阵地"

习近平新时代中国特色社会主义思想是当代中国马克思主义、21世纪马克思主义，是中华文化和中国精神的时代精华，实现了马克思主义中国化新的飞跃。思政课要把习近平新时代中国特色社会主义思想作为最根本的遵循，引导广大学生深刻认识习近平新时代中国特色社会主义思想的时代意义、理论意义、实践意义、世界意义，深刻理解这一思想的核心要义、精神实质、丰富内涵、实践要求，深刻把握这一思想的理论逻辑、历史逻辑、实践逻辑和贯穿其中的马克思主义立场观点方法，不断增强政治认同、思想认同、理论认同、情感认同，推动习近平新时代中国特色社会主义思想进课堂、进学生头脑。

（二）坚持立德树人"主任务"

教育是"国之大计、党之大计"。中小学思政课建设要坚持党的领导，把政治标准和政治要求贯穿思政课的全过程各方面，保证党的教育方针和党中央决策部署不折不扣得到贯彻执行。中小学要牢牢把握社会主义教育方向不偏离，始终坚持立德树人根本任务不走样，坚持教育为人民服务、为中国共产党治国理政服务、为巩固和发展中国特色社会主义制度服务、为改革开放和社会主义现代化建设服务，遵循教育规律和人才成长规律，扎根中国大地办教育，用共产主义远大理想和中国特色社会主义共同理想引领学生坚定理想信念，用中华优秀传统文化和革命传统教育为学生厚植家国情怀，用社会主义核心价值观帮助学生打好品德修养底色，着力增长学生知识见识，培养学生奋斗精神。

（三）唱响时代发展"主旋律"

中国已经全面建成小康社会，中华民族在几千年的发展历史上首次整体消除了绝对贫困，中国正处于向全面建设社会主义现代化国家的第二个百年奋斗目标迈进的重要历史关头，中国人比历史上任何时期都更接近实现中华民族伟大复兴的目标。在这个新时代，到处充满了自强不息的攀登、日新月异的创造、生机勃勃的进步。伟大的时代为上好思政课提供了丰富的营养、鲜活的资源、生动的实践，思政课要善于从伟大历史成就、伟大历史经验中汲取养分，坚定不移用党的创新理论铸魂育人，把社会主义核心价值观教育、弘扬革命传统、传承红色基因深刻融入思政课中来，厚植爱党、爱国、爱人民、爱社会主义的情感和信念，努力培养德智体美劳全面发展的社会主义建设者和接班人。要更加坚定立德树人的初心使命，满怀对党的无限忠诚、对人民的无限热爱、对事业的无限敬畏，以奋进之姿埋头苦干，不断办好立德树人的关键课程，为实现第二个百年奋斗目标、实现中华民族伟大复兴中国梦提供坚强人才支撑。

二、提升思政课教师水平

上好思政课关键在教师。建设一支政治强、情怀深、思维新、视野广、自律严、人格正的思政课教师队伍，已成为新时代学校思政课改革创新的关键环节。中小学思政课教师要不断提高思想政治素质、师德修养、理论功底和专业素养、教学能力，增强教好思政课的积极性、主动性、创造性，为培养合格建设者和接班人提供坚强保障。

（一）正"思想"

思政课教师必须有理想信仰。教师有信仰才能讲信仰，有理想才能谈理想，教师昏昏，怎么令学生昭昭；自己疑惑重重，怎么让学生坚定；自己不信，怎么让学生信？思政课教师要做习近平新时代中国特色社会主义思想的坚定信仰者和实践者，才能从政治上看问题，才能在大是大非面前保持政治清醒，才能以彻底的思想理论说服学生，才能用真理的强大力量引导学生，才能教会学生真学、真懂、真信、真用。思政课教师要坚定政治方向，不断增强自己的政治判断力、政治领悟力、政治执行力，遵守政治纪律和政治规矩，将政治立场和政治标准融于教学中，传导主流意识形态，自觉弘扬主旋律，积极传递正能量。思政课教师要做到"身教"和"言教"一致，敢于直面矛盾、触碰敏感尖锐的问题，讲清难点，弄清困惑，做到课堂内外、校园内外言行一致。

（二）强"理论"

"打铁还需自身硬。"深厚的理论功底是思政课教师专业素养的体现，也是讲好思政课的重要基础。思政课教师要及时学习国家领导人重要讲话精神和党中央决策部署，善于和学生实际、社会实践相结合，活学活用，触类旁通，用学生易于接受的方式、语言贯彻运用到思政课中。思政课教师要广泛涉猎其他哲学、社会科学以及自然科学的知识，学会用马克思主义的立场、观点、方法，去观察世界、时代和国内外鲜活的事实、案例和社会现象，在批判鉴别中明辨是非，在比较思考中回答学生的疑惑。思政课教师要"兼容并蓄""中西融合""古今贯通"，既不封闭保守，也不崇洋媚外；既要讨论问题，也要讲清成绩；既要批评不良社会现象，也要坚定"四个自信"。思政课教师要学深学透历史，历史是最好的老师，善于从中选取鉴今、明理、力行的素材，通过生动、深入、具体的纵横比较，引导学生全面客观地认识当代中国、看待外部世界，增强对中国特色社会主义的自信。

（三）增"情怀"

亲其师，才能信其道，真信才有真情，真情才能感染人。思政课教师要有深厚的家国情怀，中国自古就有"修身、齐家、治国、平天下""先天下之忧而忧，后天下之乐而乐"等浓厚的家国情怀，思政课教师只有深沉地爱着祖国和民族，深沉地爱着脚下的土地，才能在课堂上展现对国家、对人民、对共产党深深的热爱，才能打动学生、引导学生，甚至会影响学生一生。思政课教师要有宽广的仁爱之心，教师面对的学生正处于世界观、人生观、价值观形成的关键时期，所处的时代背景、国际国内环境、政治社会生态正发生巨大变化，思想驳杂、价值多元，学生会对人生、对国家、对世界存在一些认识和困惑，教师要把对家国的爱、对教育的爱、对学生的爱融为一体，在追求真理中，获得思想的升华，让思政课课堂成为有温情的课堂，思政课程成为有温度的课程，思政课教育成为有温暖的教育。思政课教师要有高尚的人格魅力，以德立身、以德立学、以德施教，不断提升自己的师德修养和道德水平，用高尚的人格感染学生，以道德的力量引领学生，以真理的力量感召学生、赢得学生。

三、创新思政课教学方法

改革创新是时代精神的重要内容。青少年是最活跃的群体，思政课的学科特点决定了它是一门政治性、理论性、实践性较强的课程，要坚持政治性和学理性、价值性和知识性、建设性和批判性、理论性和实践性、统一性和多样性、主导性和主体性、灌输性和启发性、显性教育和隐性教育相统一，不断创新思政课教学方法，提升思政课教学效果。

（一）思政课教学上要"新"

思政课的知识是载体，价值观引领才是目的，有兴趣才会有学习效果，没有兴趣的"死记硬背"就是没有用的"死知识"，"闭门造车""照本宣科"的"满堂灌""填鸭式"的"唯知识点""唯考试""唯成绩"的落后教学方式是无法激发学生兴趣的。思政课教学要寓价值观引导于知识传授之中，既要遵循教学目标、课程设置、教材使用、教学管理等方面的统一要求，确保教学的规范性、科学性、权威性，同时也不能故步自封、机械照搬，要遵循不同学段学生的认知规律和接受特点，因地制宜、因时制宜、因材施教。在学习方式上可以组建思政课合作学习共同体，通过原著阅读、小组研讨、情景展示、问题探究、课堂辩论、演讲汇报、故事讲述等方式给学生提供更多学习、交流、探究的机会；在教学方式上可以建立"学生自学、教师讲授、师生讨论、课堂评价、课后反思"课堂教学模式，采用恰当、新颖的案例式、启发式、探究式、体验式教学方式方法，鼓励学生发问，激发学生学习欲望；在教学效果上，要引导学生关注党情、世情、国情、社情，坚持问题导向，坚持马克思主义彻底的批判精神，开展时事政治微发布、热点问题面对面、焦点问题大辩论、错误思潮大批判等专题式、互动式教学方法，直面矛盾问题，旗帜鲜明地进行剖析、讨论、辩论和批判，把事实和道理一条条讲清楚，引导学生辩证认识、理性分析现实问题，辨明大是大非、真假美丑。

（二）思政课内容上要"用"

马克思说："理论只要彻底，就能说服人。"思政课只有将理论讲深讲透，才有说服力，才会有效果。我们面对着复杂的世界与中国，面对着各种复杂多样的看法，思政课不能进行简单的"口号式"宣传、"压服式"教学、"背诵式"教育，要用科学理论培养学生，以透彻的学理分析回应学生，以彻底的思想理论说服学生，用真理的强大力量引导学生。思政课的基本经验、基本价值、基本思想、基本理论，是一个在长期革命和实践过程中形成的系统知识体系，闪烁着真理的光芒，思政课教师要善于运用马克思主义的立场、观点和方法，提升理论联系实际、分析热点难点问题的能力，呈现观察世界和中国的多维视角，给学生提供更多的认识真理的途径。学生中反映出来的现实思想问题，绝不是空穴来风、无中生有的，其产生、变化和演变都是有其客观原因的，思政课教师要具体情况具体分析，既要看到学生思想问题的共性，也要了解学生思想问题的个性，要全面分析研判学生思想问题产生的原因，从"粗放"走向"精准"，防止思政课"一把尺子横竖量"式的简单化、模式化倾向，正确应对学生各种"为什么"的追问。

（三）思政课实施上要"实"

实践是检验真理的唯一标准。思政课要善于把思政"小课堂"同社会"大课堂"结合起来，把理论与现实结合，把课本与实践互动，把体验认知与时代同频，才能引导学生思考当下、升华心境，将思政课"情理"入耳、"学理"入脑、"真理"入心。思政课要整合现有资源，积极创造条件，组织举办专题报告会、主题学习会、学术讲座，邀请专家学者解读中央精神、党的路线方针和党的最新理论成果，引导学生听党的声音、听时代的声音、听最新的形势与政策，教育引导学生把人生抱负、个人奋斗同民族复兴的伟大目标结合起来，立鸿鹄志，做奋斗者。思政课要充分利用中华民族传统节日、党和国家重大节庆和纪念日，举办各种纪念活动，为学生提供思想大餐，让思政课内容有意思，让有深度的理论有载体。社会实践是思政课最鲜活的素材，思政课要利用博物馆、纪念馆、爱国主义教育基地、红色资源等教育场所开展研学实践活动，带领学生走进火热的工厂、农村、企业、社区开展志愿服务、调查研究和现场体验，引导学生在深入社会中切身感受在面对重大风险考验时彰显出的中国特色社会主义制度的显著优势，在体悟生活中亲身感知科学理论指引下的中国改革开放带来的巨大变化，在关注现实中感受党的领导下取得的伟大成就。

第三节　上好思想政治课的保障措施

上好思政课不容易，需要学校达成广泛共识，进一步完善领导体制和工作机制，全面提升教师队伍水平，完善评价激励措施，增强资源供给能力，形成力量充裕、动力充盈、作用充分的思政课新格局、新机制、新生态，把思政课从"独奏"变为"合奏"，扬起思政教育合力。

一、形成"大思政"育人新格局

思政课不仅是一个学科，更是一种教育。中小学要调动各种力量，不断加强党对思政课的组织领导，加强师资队伍建设，强化教学研究工作，创新教育方法，提升思政课思想的深度、政治的高度、教育的温度，构建全员、全过程、全方位的"大思政"的新格局，提升思政课的教育效果。

（一）抓住"主心骨"

上好思政课关键在党。学校党组织要负起政治责任，高度重视思政课建设，不断提高教师的政治判断力、政治领悟力、政治执行力。要建立领导干部联系思政课教研组制度，定期组织政治理论学习活动，每三年对思政课教师至少进行一次不少于五日的集中脱产轮训制度，做到守土有责、守土负责、守土尽责。要着力加强习近平新时代中国特色社会主义思想进学校、进课堂，认真组织党的理论方针政策、师德师风、国内外形势的学习教育，定期分析研判思政课的情况，及时解决存在的问题。党员干部要走进思政课课堂，听课、评课，确保思政课正确的教学方向，主动改进思政课教学方法，引领思政课教师提升专业水平。

（二）突出"主力军"

要按要求配齐专兼职思政课教师，严把教师选聘的政治关、师德关、业务关，对在教育教学活动中损害党中央权威、违背党的路线方针政策、违反职业道德行为和不能胜任思政课教学的教师要及时退出思政课教学工作，让学生信其师。要加强教师专业能力培训，特别是中华优秀传统文化、革命文化、社会主义先进文化和相关学科知识的学习和教材教法培训，培养"种子"教师，促进思政课教师不断更新知识储备，让学生喜其师。要建立健全校内外实践锻炼制度，确保每位思政课教师每年参加实践教育活动不少于两次，引导其深刻把握世情、党情、国情、教情，厚植家国情怀、传道情怀和仁爱情怀，让学生亲其师。要突出课堂教学质量和育人实效的导向，科学制定思政课岗位工作量和评价标准，在职称评聘、绩效分配、评奖评优上向思政课教师倾斜，让学生尊其师。要组织开展思政课教学比赛、优秀教学设计评选等活动，以赛促教、以赛促改、以赛促建、以赛促优、以赛提质，选树优秀思政课教师先进典型，努力培养造就有广泛影响的思政课名师、骨干教师、学科带头人、教学领军人才、教学标兵，让学生敬其师。

（三）保障"主材料"

思政课是落实立德树人根本任务的关键课程，但不是唯一课程，在所有学科课程中都蕴含着大量的思政教学内容，涉及历史和现实，关联国内和国际，覆盖经济、政治、文化、社会和生态文明等各领域。中小学要构建跨学科、跨领域、跨学段的高素质思政课教学共同体，强化教研组面对面集体备课、跨学段协同备课、校内外网络备课活动，深入挖掘各类课程和教学方式中蕴含的思想政治教育资源，有目的、有意识地进行思想政治教育，发挥教育综合育人效应。要进行项目式学习，思政课要紧扣时代发展主题，结合社会热点、焦点问题，针对学生认识的困惑点、思想的堵点、思维的难点，协调历史、语文、地理等学科教师共同研究，对学生进行深刻的思政教育。要丰富资源供给，思政课要勇于突破教材边界、课堂边界、学校边界，善于从党的百年历史重大成就和历史经验、中华民族优秀传统文化和学生亲身经历的重大事件等生动实践素材中选取优质教学资源，加强思政课教育资源的开发与整合力度，让思政课与鲜活的生活、生动的实践结合起来。

二、构建一体化培养新模式

思政课不能像常规的学科课程那样仅聚焦在某一专业、某一领域、某一学段，需要纠正在各学段、各课程间内容过度重复、衔接性不高的弊端，建立小学低年级、小学高年级、初中、高中各学段层层递进、有效贯通、螺旋式上升的一体化贯通培养模式，促进不同学段的相互了解和衔接配合。要紧扣中华民族伟大复兴的时代主题，紧盯培养担当民族复兴大任的时代新人的目标，在教育内容上解决好"教什么、学什么"的问题，在教育方式上解决好"如何教、如何学"的问题，促进学生全面成长，砥砺学生使命担当，引导学生立鸿鹄志、做奋斗者。

（一）目标一体化设计

在党的领导下，中国已经全面建成小康社会，正在向第二个百年奋斗目标迈进，实现中华民族伟大复兴是新时代的鲜明主题。当代学生是推进全面建设社会主义现代化国家新征程的关键一代，也是实现中华民族伟大复兴中国梦的关键一代，肩负神圣的历史责任。思政课的一个重要职责就是开展马克思主义理论教育，用习近平新时代中国特色社会主义思想铸魂育人。各学段都要以习近平新时代中国特色社会主义思想为课程主线，着力培养学生思想政治素质、道德修养、法治意识，引导学生坚定"四个自信"，做德智体美劳全面发展的社会主义建设者和接班人。小学阶段重在启蒙学生的道德情感，重点引导学生"知理、懂事、讲文明"，形成爱党、爱国、爱社会主义、爱人民、爱集体的情感，具有做社会主义建设者和接班人的美好愿望。初中阶段重在打牢学生的思想基础，重点引导学生"知史、晓义、识是非"，初步了解习近平新时代中国特色社会主义思想，强化做社会主义建设者和接班人的思想意识。高中阶段重在提升学生的政治素养，重点引导学生"明理、行道、铸信念"，初步掌握马克思主义基本原理，理解习近平新时代中国特色社会主义思想，增进政治认同。

（二）教育内容螺旋上升

从小学、初中、高中，学生将经历启蒙道德情感、打牢思想基础、提升政治素养、增强使命担当的教育培养。中小学教学内容应结合不同年龄阶段学生的认知水平和教育规律，注重体现不同学段成长特点，由浅入深，由易而难，螺旋上升，科学设计课程教学内容。在各学段现有课程内容基础上，重点强化习近平新时代中国特色社会主义思想学习，培育和践行社会主义核心价值观，推进法治教育、劳动教育、总体国家安全观教育、公共卫生安全教育等方面内容的全面融入，实现学段纵向衔接、逐层递进，学科、课程协同联动。小学课程内容重在情感，结合"看到什么""听到什么"，了解中国特色社会主义的由来与发展，懂得当代中国从"站起来""富起来"到"强起来"的奋斗历程，初步了解新时代"两步走"战略安排，帮助小学生从情感上认同伟大祖国、中华民族、中华文化、中国共产党、中国特色社会主义。初中课程内容重在认知，主要讲授个人和集体、自我和时代、社会规则和社会秩序、社会责任和社会担当、宪法和法律、国家利益和国家目标、中国和世界等内容，通过呈现党和国家事业在各方面取得的历史性成就，引导学生明确"是什么"，坚定理想信念，厚植爱国主义情怀，增进对伟大祖国、中华民族、中华文化、中国共产党、中国特色社会主义的高度认同。高中课程内容重在理解，讲授中国特色社会主义的开创与发展，习近平新时代中国特色社会主义思想的丰富内涵、思想精髓和理论意义，帮助学生理解社会主义基本经济制度、中国特色社会主义政治发展道路、中华优秀传统文化、革命文化和社会主义先进文化等内容，引导学生理解"为什么"坚定中国特色社会主义道路自信、理论自信、制度自信和文化自信，引导学生形成正确的世界观、人生观和价值观。

（三）教学方式循序渐进

要针对不同学段学生年龄特点，根据思政课教育规律和学生成长规律科学选取适切的教学方式，既不能揠苗助长、操之过急，又不能刻舟求剑、故步自封。小学阶段重在开展启蒙性学习，以学生的生活为基础，结合学生的所见所闻、所感所悟，采取做游戏、唱歌曲、讲故事等直观感知的方法，循循善诱、生动活泼。初中阶段重在开展体验性学习，引导学生在全面而深刻体悟的基础上，通过生动、具体、深入的纵横比较，把理论讲得有温度、有深度，把问题讲明白、讲清楚，引导学生正确地认识和感悟现实问题，增强对理论的感性认知，帮助学生始终保持浓厚的学习兴趣，持续获得丰硕的学习成果。高中阶段重在开展理论学习，采用概念、判断，推理、归纳等教学方式，讲好理论之"真"，讲好信仰之"理"，讲好历史之"实"，培养学生对思政课理论的理性认知，学会用马克思主义基本理论、基本观点、基本方法正确认识时代、世界、社会，促使他们在思想上实现理论与实践的统一，对思政课的教学内容真信，真正入脑、入心，勇于承担责任和历史使命，用中国梦激扬青春梦。

三、拓展资源供给的新平台

思政课各学段纵向打通，各学科横向融合，就需要各学段、各学科协同配合，家校相互衔接，社会各方面支持，共建教师学生互动、家庭社会协同、课上课下同步、校内校外结合、理论与实践结合、网上网下融合的思政课新格局。

（一）整合教研资源

在教研组织上，要充分运用现代技术手段，在校内或校外建立思政课教学研究共同体或思政课联盟，定期组织集体备课、教学研讨、课例研究、实践教育等活动，共同开发、共同建设、共同享有思政课的课件、教案、视频、资料等优质教学资源。在教研内容上，要引领思政课教师共同学习习近平新时代中国特色社会主义思想，关注党情、世情、国情、社情，开展集体研讨，不断提升思政课教师思想政治理论水平。在教研目标上，要针对社会热点问题、焦点问题、学生困惑问题和有争议的问题，选择恰切的教学方法，引导学生用马克思主义基本立场、观点和方法观察和分析问题，在纷繁复杂的现象中，找到事物本质的规律和正确的答案。

（二）整合课程资源

各学科中都蕴含着丰富的思政课教学资源。要深度挖掘并善于整合其他专业课程中的思想政治教育资源，推进思政课与语文、历史、地理等学科和体育、美育、劳动教育的有机融合，将显性教育和隐性教育、知识传授与价值引领、育德与育心统一起来，把思政教育融入文化知识、学科教学等各环节。要充分发挥博物馆、爱国主义教育基地等教育场所作用，加强与企业、农村、社区等各领域的密切联动，开展社会实践、志愿服务、社会调研等教育活动，把思政"小课堂"同社会"大课堂"、网络新课堂结合起来。要发挥先进典型示范作用，可以聘请科学家、劳动模范、抗疫英雄、航天英雄等模范人物进入学校、进入课堂，开讲座、做报告，用他们感人的事迹引发学生产生情感共鸣，引领学生成长。

（三）整合家庭资源

家庭是人生的第一所学校，家长是孩子的第一任老师。家庭、家风、家教情况直接影响着学生成长，这个作用不是学校教育能够替代的。大思政要高度重视家庭教育，引导家长担负起家庭教育的法定责任，建设幸福家庭、传承良好家风、实施科学家教，给孩子讲好人生"第一课"，帮助孩子"扣好人生第一粒扣子"。学校要有开放的教育观念，把家长作为学校教育的同盟军，积极动员和引导家长参与到思政教育中来，坚持立德树人，传承中华优秀传统美德，培育和践行社会主义核心价值观，言传身教，潜移默化，在日常生活中对学生进行思想、品德、习惯熏陶，促进青少年健康成长和社会和谐稳定，形成人人可思政、处处见思政、时时有思政的良好生态。

中小学要牢记为党育人、为国育才的初心使命，打好思政课一体化培养的组合拳，充分发挥立德树人、培根铸魂的重大作用，引导学生在实现中华民族伟大复兴的奋斗中勇挑重担、成就大我。

第六章 义务教育阶段提高育人质量新方法

义务教育是指根据国家法律规定对适龄儿童实施一定年限的普及性、强制性、免费性的学校教育。中国目前实行的九年义务教育制度，包含小学和初中阶段。义务教育是中国的百年梦想，是教育事业的重中之重，事关亿万少年儿童健康成长，事关国家发展，事关民族未来。新中国成立以来，经过艰苦卓绝的不懈努力，中国义务教育普及率达到或超过中高收入国家平均水平，用了短短几十年时间就走过了西方发达国家近百年的义务教育普及之路，实现了中华民族"有教无类"的千年夙愿，为中国实现从人口大国向人力资源大国转变做出了巨大贡献。进入新时代，义务教育阶段面临着发展不均衡、发展质量不高、学生负担过重等新问题，尚不能满足人民群众对"因材施教"和"上好学"的优质教育的需求，这一切都对义务教育阶段学校高质量发展提出新的挑战、新的要求。义务教育阶段学校要勇于承担新时代赋予的重要历史使命，进一步聚焦高质量发展的核心任务，着力深化教育教学改革，在基本均衡的起点上向更高水平、更高质量迈进。

第一节　义务教育阶段提高育人质量的重要意义

义务教育阶段是整个国民教育体系中最大的一个部分，是基础中的基础。中小学要坚持以习近平新时代中国特色社会主义思想为指导，突出义务教育阶段的国家意志和法定要求，落实党的全面领导，全面贯彻党的教育方针，落实立德树人根本任务，坚持社会主义办学方向，坚持教育普及性、强制性、免费性、公益性，遵循教育规律，发展素质教育。这是党的要求、人民的期盼、事业的需要，也是义务教育阶段学校共同承担的历史使命和政治责任。

一、义务教育阶段提高育人质量是人民群众的新期盼

孩子是国家的未来，更是家庭的希望。进入中国特色社会主义新时代，我国社会主要矛盾已经转变为人民日益增长美好生活的需要和不平衡不充分的发展之间的矛盾。在义务教育阶段就是人民对"上好学"的需要和不平衡不充分的发展之间的矛盾比较突出，表现在：长期以来积累的片面追求升学率、学业负担过重、优质资源不均衡等热点、难点问题日益突出，择校热、择班热、择师热等问题较为严重。这些问题的根源在于义务教育质量不高，难以满足人民群众对优质教育的需求。中小学要积极回应社会主要矛盾变化带来的挑战，坚持以人民为中心的思想，积极回应人民群众普遍关心的热点、难点、堵点问题，努力办好每一所学校，教好每一个学生，给每个学生人生出彩的机会，全面提升义务教育质量，办好人

民满意的教育，着力培养担当民族复兴大任的时代新人，在更高程度上满足人民群众对"好学校"的渴望，不断增强人民的获得感，不断满足人民对美好生活的向往。

二、义务教育阶段提高育人质量是教育发展的新要求

教育强国是人才强国、科技强国的基础性、战略性工程，教育现代化是实现中国式现代化的重要组成部分。伴随着中国实现全面建成小康社会、全面消除绝对贫困的第一个百年奋斗目标的伟大历史进程，中国义务教育阶段取得了举世瞩目的成就，建成了世界上最大规模的义务教育体系，在历史上第一次实现了全面普及、相对均衡，人民群众的教育获得感不断增强。但同时，必须清醒地看到，中国义务教育阶段发展也进入了一个矛盾叠加的非常时期，面临着内涵发展、教育质量提升等一系列新的问题，距离教育强国的要求还有一定的差距，亟待加以改进。中小学要坚持目标导向和问题导向，着力解决全面发展素质教育、深化课堂教学改革、建设高素质专业化教师队伍、提高义务教育质量以及课程教材、招生考试、质量评价等关键领域存在的突出问题，切实提高义务教育质量，为建设教育强国、人才强国、科技强国和实现中国式现代化奠定坚实的基础。

三、义务教育阶段提高育人质量是学生成长的新需要

义务教育不是选拔性教育，也不是英才教育，是面向一切学生、面向每个学生一切的教育，这是义务教育阶段的战略定位。现

在的中小学生是实现中华民族伟大复兴的参与者、建设者，是实现第二个百年奋斗目标的骨干力量，可以说，现在学生的模样就是中国未来的模样。近些年，一些学校在"唯分数""唯升学"的功利化、片面化的政绩观误导下，出现重智育轻德育、重教学轻育人、重知识轻思想等现象，影响了学生身心健康和全面成长，不但带来家庭的焦虑，也无法满足国家选才用才需求。中小学要全面提高义务教育阶段质量，就要坚持为学生全面发展、终身发展奠基正确价值导向，树立面向全体学生的科学教育观念，遵循德育为先、素质为要的基本原则，处理好素质教育与考试升学、提高教育质量与减轻学生负担、规范管理与激发活力等重大关系，在学生入口上要坚持"有教无类"，在过程上要坚持"因材施教"、在目标上要坚持"五育"并举，在方法上要坚持"知行合一""学以致用"。教育引导学生爱党、爱国、爱人民、爱社会主义，让学生成为生活和学习的主人，力争办好每所学校、教好每名学生。

第二节　义务教育阶段提高育人质量的主要内容

提高义务教育质量要坚持德智体美劳"五育"并举，促进学生全面而有个性的发展。"五育"是一个整体，既内在统一，又各有侧重，目标是促进学生的全面发展，在实践中不可偏废任何一项。当前，义务教育阶段一些学校存在重视智育，轻视德育、体育、美育，忽视劳动教育，导致德育、体育、美育和劳动教育成为学校教育的薄弱环节，成为学生发展的明显短板。提升义务教育质量就要着力突出德育实效，提升智育水平，强化体育锻炼，提高美育素养，加强劳动教育，努力培养德智体美劳全面发展的社会主义建设者和接班人。

一、突出德育实效

近些年，随着对"为谁培养人"这一问题认识的不断深化，"德育为首"的思想已经逐渐成为教育共识，但不少学校的德育工作仍然存在"花架子"、做表面文章等问题，德育效果没有得到充分显现。义务教育阶段学校德育工作要不断探索新方法，突出德育实效性，真正让德育教育内容入心、入脑、入行。

（一）坚持德育为先的理念

教育承载着传播知识、传播思想、传播真理，塑造灵魂、塑造生命、塑造新人的时代重任，承载着服务中华民族伟大复兴的重要使命。其中，德育工作是"总开关"，是关系"为谁培养人"的根本问题，关系立德树人的教育根本任务的落实成效。学校要认真开展德育工作，坚持育人为本、德育为先，通过课程育人、文化育人、活动育人、实践育人、管理育人、协同育人等德育抓手，大力开展理想信念、社会主义核心价值观、中华优秀传统文化、生态文明、国家安全、民族共同体和心理健康教育，培养学生良好的政治素质、道德品质、法治意识，引导学生不断健全人格，养成良好行为习惯。要充分发挥共青团、少先队组织育人作用，突出政治启蒙和价值观塑造，促进学生核心素养提升和全面发展，为学生终身成长奠基。

（二）加强思想政治课建设

思想政治课关乎我们党后继有人，关乎中华民族千秋伟业，关乎学生一生成长成才的思想基础。中小学要切实加强党对思政课建设的全面领导，发挥思政课在立德树人中关键课程作用，铸魂育人、固本强基。要大力加强思政课教师队伍建设，加强培训和校本研修，不断提升思政课教师思想素质、师德师风、业务能力，切实引导教师做"大先生"，教"大学问"，育"大英才"。要积极开展思政课教研工作，加强思政课与时代结合、与社会结合、与日常生活结合，持续深化思政课教学改革，进一步提高思政课教学效果，不断提高思政课的针对性、有效性。要加强优质思政课教学资源供给，善于从学生认知实际出发，共建共享优质教学资源，为思政课教学提供丰富、充足的源头活水和"教育抓手"，在教育情境中增强思政课的吸引力、感染力。

（三）不断丰富育人载体手段

德育不能同其他学科教学一样在教室中完成，学校要创设条件让学生走出教室、走出学校，在火热的生活和生动的实践中经风雨，见世面，受锻炼，开视野，增才干。要加强校外教育场所建设，充分发挥博物馆、纪念馆、研学基（营）地等教育基地和各类公共文化设施与自然资源的重要育人作用，积极开展社会"大课堂"和研学旅行、志愿服务等活动，引导学生把所学知识运用到实践中，通过亲身体验和实践，生成其价值认知。要利用中华传统节日和重大节庆日、纪念日，开展好理想信念、生态文明、社会主义核心价值观等系列主题活动，引导学生动手、动脑、动心，不断提高其思想认同。要积极开展创建文明校园活动，扎实做好学校精神文明建设工作，广泛开展先进典型、英雄模范学习宣传教育活动，在积极健康向上的环境中陶冶学生情操，丰润学生情感世界，引领学生进步和成长。

二、提升智育水平

多年来，在升学导向的指挥棒引导下，大多数学校都非常重视智育工作，但也存在课堂教学效率低下、教学方法陈旧、教学质量不高等问题，一些学校在片面追求升学率的高压下，不断延长学习时间，拼命增加学习强度，严重影响了学生身心健康。义务教育阶段学校在智育工作中要遵循教育规律和学生身心发展规律，突出提升智育水平，真正让智育回到素质教育的轨道上来。

（一）优化教学方式方法

课堂是教育教学的主渠道。新中国成立以来的课程教学发展进程中产生的很多新的课堂教学理念，已被广大教师接受。但总体而言，课堂教学存在偏重于知识传授，忽视能力培养，重死记硬背、轻思考内化、重理论灌输、轻实践应用等问题，需要进一步优化教学方式，提高课堂实效。首先，要注重突出学生主体地位。注重保护学生好奇心、想象力、求知欲，激发学习兴趣，提高学习能力，建立以学生发展为本的新型教学关系；精准分析学情，重视差异化教学和个别化指导，开展研究型、项目化、合作式学习。其次，要注重转变教与学方式。坚持教学相长，加强学科间、学科与技术、课程与社会及生活的联系，注重启发式、互动式、探究式教学，融合运用传统与现代技术手段，重视情境教学，着力培养学生认知能力，促进思维发展，激发创新意识，实现减负提质增效。最后，要注重实践探索。目前推动课堂教学改革取得突破的关键是教师在将新理念落地转化时需要有效操作方式和模式，要开展聚焦提升课堂教学质量的科研攻关，注重培育、遴选、推广优秀教学模式、教学案例，提炼课堂转变过程中所需要的规则、方式、方法以及工具、手段等，形成各具特色的新型课堂操作范式或模型。

（二）加强教育教学管理

当前教育教学实践中存在缺乏规范意识、随意性强等问题，为提高教育质量，需要加强教学管理。首先，要建章立制。学校要健全教学管理规程，完善教育教学基本管理制度，分学科制定课堂教学基本要求，规范和完善教学计划、课程安排、教学准备、教学组织、考试作业、课后辅导等各个教学环节，并要督促落实，把教学管理落到实处。其次，要维护正常的教育教学秩序。严格按照国家课程方案和课程标准，开齐开足开好国家规定课程，不得随意增减课时、改变难度、调整进度，严格按课程标准实施教学，确保学生达到国家规定学业质量标准，不得有提前结课备考、超标教学、违规统考、考试排名和不履行教学责任等行为。最后，要强化教学常规。坚持和完善集体备课制度，教师要深入了解学科特点、知识结构、思想方法，科学把握学生认知规律，认真设计教案，课前要指导学生做好预习，课上要讲清重点难点、知识体系，引导学生主动思考、积极提问、自主探究，上好每一节课。课后要认真做好作业、辅导、考试、训练等工作，及时帮助学生复习和巩固知识。

（三）深化信息技术与教学融合

信息技术发展对教育具有革命性的影响，对共享优质教育资源、促进教育公平带来了新的契机。首先，要构建信息技术环境。按照服务教师教学、服务学生学习、服务学校管理的要求，科学规划设计智慧化学校建设方案，分步建立覆盖各年级各学科的智慧化、智能化学习环境，特别要避免碎片化、重复性的建设，避免造成资源浪费。其次，要赋能教育教学。学校要充分利用云计算、大数据、人工智能等新技术，构建全方位、全过程、全天候的教学、管理和服务的技术支撑体系，助力提升教育质量，特别要避免的是"跟风建设""追时尚建设"，造成技术和教育教学实际脱节。最后，要强化应用。加强信息技术与教育教学融合，积极探索基于互联网的教学和学习方式，不断提升师生信息技术素养，丰富信息化环境下优质教学、学习资源的共建、共享和供给，为教师、学生提供优质、便捷的个性化学习资源，特别要避免的是"建而不用""说做两张皮"等现象，造成技术的作用不能充分发挥。

三、强化体育锻炼

身心健康是学生学习、生活的前提和根本，没有健康的体魄，其他都无从谈起。近年来，学校体育健康工作得到了重视和加强，但一些学校仍然存在体育健康课不能开设开足、场地设施缺乏、学生体质健康水平下降等突出问题。义务教育阶段的体育健康工作要坚持"健康第一"的思想，突出强化体育锻炼，引领学生全面健康成长。

（一）提升学生体质

近年来，"小眼镜""小胖墩"问题日益突出，学生体质健康已经成为育人的薄弱环节。加强体育健康工作，要聚焦突出问题，不断完善和加强学校体育教育和体育健康课建设，培养学生健康意识、体育精神、锻炼习惯、运动技能。要严格执行学生体质健康合格标准，健全学生体质健康监测制度，降低肥胖率，不断提高中小学生肺活量、力量、耐力和形态发育水平。要健全学生视力健康综合干预体系，细化防控方案，科学设置网课频率和时长，适当减少电子产品使用，增加体育锻炼和户外活动，养成良好生活方式和用眼习惯，打好学生"视力保卫战"。

（二）强化体育锻炼

体育健康课是国家课程，具有严肃性、法定性，不能变通。要开齐开足体育健康课，聚焦"教会、勤练、常赛"的教学方式，构建学校体育"健康知识＋基本运动技能＋专项运动技能"教学范式，切实提升学生体质健康水平。要深入推进校园足球、篮球、排球、网球、田径、游泳、武术、体操、冰雪运动、机器人运动等学校特色体育项目，开设各种兴趣类选修课程，组建特长类学生社团，培育和发展"一校一品""一校多品"的体育健康教学特色，让每位学生掌握一至两项运动技能。要广泛开展校园普及性体育健康运动，定期举办学生运动会、体育节和对学生进行体质检测，全面落实学生每天校内一小时、校外一小时体育活动。

（三）做好服务保障

体育健康教育专业性强，设施设备要求高，学校要加大投入，确保开展体育健康教育所需要的条件。要开展体教融合，积极选聘退役的专业运动员、教练员担任学校体育健康教师，配好配足配强专、兼职的体育教师，按规定开足上好体育健康课。要设立专项经费，按照标准建好运动场、体育馆，配齐所需体育器材，及时补充各种体育健康课耗材，为体育健康课开展提供条件保障。要积极探索把学生参加体育活动情况、学生体质健康状况和运动技能等级，纳入学生综合素质评价体系，并为高一级学校招生提供有效参考，引领和推动常态化开展体育健康教育，发挥体育健康课在增强体质、提高运动技能、塑造健全人格等方面的综合效益。

四、提高美育素养

美育是国家课程，虽在学校教育中属于考查科目，但仍导致一些学校对美育工作认识不足，出现定位窄化、功能弱化、资源匮乏、管理缺位等现实问题，导致美育教育中出现重少数轻多数，重比赛轻普及，应付、挤占、停上美育课等不良现象。义务教育阶段的美育工作要坚持以美育人，突出提高学生美育素养，构建课程、活动、空间、环境四位一体的全方位美育新格局。

（一）把握美育方向

美育已经成为沟通世界的语言，对中小学生的社会主义核心价值观确立发挥着至关重要的作用。以美养德、以德铸魂是对冲教育功利性、社会功利性，提升教育品质、走向美丽人生与美好生活的必要手段。学校要把培育和践行社会主义核心价值观融入学校美育全过程，坚持立德树人，扎根时代生活，遵循美育特点，陶冶高尚的道德情操。要传承弘扬中华优秀传统文化，用几千年来创造的灿烂文明培育美育精神，感知中华优秀传统文化之伟大，培养学生正确的历史观和艺术观，增强学生深厚的民族情感和民族认同感、自豪感。要引领学生树立正确的审美观念，发挥美育以美育人、以美化人、以美培元的功能，教育引领学生增强辨别美丑、是非的能力，激发想象力和创新意识，提升学生的审美情趣和人文素养。

（二）加强美育教学

美育不仅是门艺术，也是一门科学。美育教育要遵循教育教学的规律和特点，构建课堂教学、课外实践、校园文化建设、艺术展演"四位一体"的融合机制。要严格落实音乐、美术、书法等艺术课程标准，把学生的人文素养、艺术素养的培养要求纳入课程教学的过程中，渗透于学校日常的教学环节中，通过丰富的学科课程培养学生的审美情趣，帮助每位学生学会一至两项艺术技能。要实施美育教育课程化管理，深度挖掘学校美育教育资源，结合地方文化和学校实际设立舞蹈、器乐、戏剧、曲艺、绘画等艺术特色课程，开展参观、考察、写生、展演等美育主题实践活动，着力打造民乐、管乐、交响乐、舞蹈、书法、京剧等特色团队，整合探索美术馆、艺术馆和学校联动共育机制，形成面向人人的美育实践体系，激发学生兴趣，使学生个性得到张扬与绽放。要开展校园艺术教育活动，设立艺术节、阅读节、戏剧节等，引领学生一起走进美之境、欣赏美之意、创造美之品，向美而行，向美而生。

（三）营造美育环境

学校之美不只是具象的，更多是意象的。学校的校园环境和教育教学设施都有美育功能，校园环境中无处不在的美学标准、美学要素等，无不体现着学校的审美品格，会在潜移默化中对学生进行美的熏陶。建设美的校园环境，要基于美学视角，遵循美观舒适、适用好用的原则精心设计，在设施上满足师生的美的基本需求，在景观环境上激发学生对美的向往，在人际环境上体现融洽与和谐，让学生在美的浸润中提升审美情趣。要创造美的公共关系氛围，学校之美最根本的是教育教学之美，最深沉的是人与人之间的关系之美，要坚持学生视角，让学生参与到学校之美的创造与建设中并服务于学生的成长和发展，在"内外兼修"的熏陶中塑造学生独特气质。要传承中华优秀传统文化和艺术，开展高雅艺术进校园、传统文化进校园活动，引导学生欣赏高雅艺术，阅读经典作品，了解世界优秀艺术，增强文化理解，在方寸草木之中、亭台楼阁之上感受家乡美、自然美、文化美，不断强化美育的文化滋养，夯实学生思想根基，抵达思想的深邃与辽阔。

五、加强劳动教育

长期以来，一些学校劳动教育可有可无，不断被虚化、弱化和边缘化，学生劳动机会缺乏、劳动意识淡薄，导致学生不但"四体不勤"，更是"五谷不分"。现在劳动教育已经纳入党的教育方针，上升到国家法律层面，凸显了劳动教育的重要价值。义务教育阶段的劳动教育要提高认识，突出补上短板，让学生在劳动中升华情感。

（一）明确劳动教育综合育人价值

劳动教育是国民教育体系的重要内容，是学生成长的必要途径，具有树德、增智、强体、育美的综合育人价值，直接影响学生的劳动精神面貌、劳动价值取向和劳动技能水平。要通过劳动教育，使学生能够理解和形成马克思主义劳动观，牢固树立劳动最光荣、劳动最崇高、劳动最伟大、劳动最美丽的观念；体会劳动创造美好生活，体认劳动不分贵贱，热爱劳动，珍惜劳动成果，尊重普通劳动者的劳动精神；学会自己事情自己做，养成勤俭、奋斗、创新、奉献的劳动习惯；学会做家务，能从事基本农业劳动，了解工业生产，参加必要公益劳动，培养生存发展需要的基本劳动能力。

（二）明确劳动教育的内容

劳动教育不同于智育，防止用文化课的学习取代劳动教育。实施劳动教育的重点是在系统的文化知识学习之外，根据教育目标，针对不同学段、类型学生特点，有目的、有计划地组织学生参加日常生活劳动、生产劳动和服务性劳动，让学生切实经历动手实践，出力流汗，接受锻炼，磨炼意志。学校要规划好劳动教育课程内容，科学设计课内外劳动项目，统筹安排课内外劳动实践时间，开齐开足劳动教育课程，每周设立不少于一课时的劳动必修课，每学年设立劳动周，开展学农、学工、公益劳动、志愿服务；家庭要鼓励孩子参与日常生活中的劳动，每年掌握一至两项生活技能，鼓励学校开展学生生活技能展示活动。

（三）明确劳动教育的途径

首先，要把劳动教育纳入人才培养全过程。劳动教育要贯通中小学各学段，贯穿家庭、学校、社会各方面，与德育、智育、体育、美育相结合，把握育人导向，遵循教育规律，创新体制机制，注重教育实效，实现知行合一，促进学生形成正确的世界观、人生观、价值观。其次，学校要发挥在劳动教育中的主导作用。整体优化学校劳动课程设置，把其他课程有机融入劳动教育内容和要求；加强对劳动教育的研究，激发学生内在需要和动力，提高教育效果；根据需要编写劳动实践指导手册，明确教学目标、活动设计、工具使用、考核评价、安全保护等劳动教育要求。最后，家庭要发挥在劳动教育中的基础作用。学校加强对家庭劳动教育的指导，树立崇尚劳动的良好家风，让孩子养成从小爱劳动的习惯，学生参加家务劳动和掌握生活技能的情况要按年度记入学生综合素质档案。

（四）加强劳动教育的保障

首先，建立专兼职相结合的劳动教育师资队伍。学校要加强劳动教育师资培养，开展全员培训和专项培训，有条件的可以聘请相关行业专业人士担任劳动实践指导教师，提高劳动教育师资专业化水平；建立健全劳动教育教师工作考核体系，分类完善评价标准。其次，要拓展劳动教育场所。加强学校劳动教育设施标准化建设，逐步建好配齐劳动实践教室、实训基地；充分利用现有综合实践基地、青少年校外活动场所，安排相应土地、山林、草场等作为学农实践基地，选定一批企事业单位和社会机构，作为学生参加生产劳动、服务性劳动的实践场所。再次，建立健全劳动教育激励机制。组织开展劳动技能和劳动成果展示、劳动竞赛等活动，激发学校和学生的积极性；将劳动实践过程和结果纳入学生综合素质评价体系，把劳动素养评价结果作为评优、评先的重要参考和毕业依据，作为高一级学校招生录取的重要参考或依据，使劳动教育评价硬起来。最后，建立劳动教育风险分散机制。学校要加强对师生的劳动安全教育，强化劳动风险意识，建立健全安全教育与管理并重的劳动安全保障体系；学校购买劳动教育相关保险，制订劳动实践活动风险防控预案，完善应急与事故处理机制，保障劳动教育正常开展。

第三节　义务教育阶段提高育人质量的实施途径

全面提高义务教育质量是一项系统工程，是学校综合实力的体现。在教学质量上来不得半点虚伪和马虎，必须扎硬寨、练硬功、打硬仗，从日常做起、从细节做起，统筹推进课程教学管理、深化招生考试改革、激发学校内部活力、提升师资队伍水平等，着力破除阻碍发展的体制机制障碍，为提高义务教育质量创造良好外部条件。

一、加强课程教学管理

课程建设是国家事权，集中体现了国家意志，事关教育教学质量。目前，义务教育的课程改革开始步入以促进公平和提高质量为根本标志的内涵发展周期。针对当前课程建设存在缺乏价值引领、缺乏体系构建、缺乏整合等问题，学校要强化课程教学管理，落实国家课程方案，严格按照课程标准要求开展教学活动。

（一）强化国家课程意识

国家课程标准规定了课程性质、课程理念、课程目标、课程内容、学业质量和课程实施等，是学校进行课程实施管理的直接依据。学校要严格遵守义务教育课程方案和新修订的课程标准，开足开齐国家课程，为全面提高教育质量保驾护航。针对校本课程开发实施中的乱象，学校要确保国家课程的主导性，规范校本课程的开发实施，提高校本课程质量，严禁用校本课程取代国家课程，校本课程原则上不编写教材，严禁使用未经审定的教材，不得引进境外课程、使用境外教材。

（二）加强教学常规管理

坚持以教学常规管理为主线，向规范要质量。要引导教师牢固树立责任意识、目标意识、合作意识，规范教学管理，转变教学思想、教学模式、教学方法，推动课堂质量上层次、上水平。要建立学校备、讲、批、辅、考、评、纠等教学基本规范、基本标准，发挥对备课、课堂、作业、教案、考试等系列教学活动的监督、指导、评价作用，对存在的问题及时给予反馈，并定期跟进修正效果。要优化课堂教学手段和方法，提倡激活思维的"启发式""探究式"教学，鼓励教师大胆地将课堂的话语权、粉笔权、提问权交给学生，鼓励学生勇敢地"说出来""写出来""问出来"，增强课堂思维含量。

（三）发挥教育科研作用

要选好配强教研队伍，通过教研共同体、师徒结对等方式，规范教研管理，丰富教研形式，改进教研内容，提高教研质量。要提高教师自主学习、课程建设、教学设计、教学实施、教学评价、教学科研、学科育人等方面的专业能力，认真开展教学反思，在反思中寻找方法、寻找出路，为提升学科教学能力和教研质量发挥整体最大功能。要开展主题式校本研修活动，从知识内容、解题思路和技巧、学习方法、作业问题等方面进行系统、全面研究，以"单元整体教学研究""跨学科主题学习""命题·评题·品题"为抓手，加强对教师基于核心素养的教学方式指导和学生多样化学习方式的探索，激发学生学习兴趣，养成良好学习习惯，促进学生学习方式的优化与实践能力、创新意识的发展。

二、完善招生考试制度

招生考试是最受关注的评价方式改革，是教育热点问题，也是扭转应试教育的关键，对教育教学改革发挥着重要的导向作用。目前，受到"唯成绩""唯升学"片面育人观和错误政绩观严重影响，一些学校采取"掐尖"招生、超前超纲教学等不正当方法，谋求成绩优势，客观上加剧了教育"内卷"和家长、学生的焦虑情绪。学校要建立以发展素质教育为导向的考试评价体系，树立科学的教育质量观、教育政绩观，着力扭转破解"唯分数""唯升学率"等不科学的教育评价导向，从根本上解决评价指挥棒问题。

（一）规范招生秩序

学校要坚持义务教育学校免试就近入学全覆盖，不以面试、评测等名义选拔学生，严禁以各类考试、竞赛、培训成绩或证书证明等作为招生依据，从源头上剪断社会培训、竞赛与中小学招生录取挂钩的利益链，引导竞赛活动祛除功利色彩，发挥综合育人功能。在日常测试中，要坚持以课标为依据，减少机械记忆试题和客观性试题比例，实现从考什么、学什么到学什么、考什么的转变，回归素质教育正道，既保障学生正当的学习需求和选择的权利，又切实减轻学生过重的学习负担。

（二）维护良好生态

近些年，义务教育阶段的公办学校已经逐渐规范了招生秩序，坚持免试就近划片入学。但一些民办学校仍然存在跨区域"掐尖"招生，这与公办学校形成了巨大的反差，甚至产生了对公办学校的挤对效应，破坏了教育公平和教育秩序，严重影响了教育生态。学校要坚持义务教育的公益性，按照公办、民办学校一视同仁、平等发展、互不享有招生特权的原则，将民办义务教育学校招生纳入审批地统一管理，与公办学校同步招生，坚决禁止"掐尖"招生行为，促进义务教育持续健康发展，促进形成良好教育生态。

（三）加强质量监测

学校要树立正确的教育质量观，破除"唯分数""唯升学率"的片面评价导向，在"五育"并举的基础上建立轻负担高质量的价值追求。学校要按照新课标要求的质量标准，制定教学质量评价标准和学生发展质量评价标准，不断探索完善日常质量监测制度。要按照规定严格控制考试频率，建立多元检测方式，探索等级制评价办法，不以任何方式公布学生考试成绩和排名，克服片面追求分数和升学率的顽瘴痼疾，促进学生全面发展，引导教学回归本质和教育育人初心。

三、激发学校办学活力

学校生机活力是学校深化教育教学改革的内生动力。目前，学校在教师招聘、人事管理、机构设置、经费使用等方面，还受到许多束缚，急需进一步深化改革，激发学校生机活力，给学校发展创造广阔空间。

（一）落实办学自主权

激发学校生机活力关键是在坚持依法治校的基础上落实和扩大学校办学自主权。要进一步明确学校的办学自主权内涵，积极推进现代学校制度建设，保障学校自主设立内设机构、实施教育教学活动、聘用教师及其他工作人员、管理使用学校经费、落实学校绩效分配等办学自主权，把外部拉动和激发内生动力结合起来，促进新优质学校成长。

（二）减轻学校过重负担

当前学校和教师负担过重，与教育教学无关的事情占用了大量的时间和精力。要严格控制面向义务教育学校的各类审批、检查验收、创建评比等活动，减少与办学治校和教书育人无关的行政事务进校园，破除干扰学校教育教学工作秩序的现象，让校长安心办学、教师静心从教，为学校教育教学改革创造良好的外部环境。

（三）提升校长办学水平

校长是学校提高质量的第一责任人，应经常深入课堂听课、参与教研、指导教学，努力提高教育教学领导力。要尊重校长岗位特点，完善选任机制与管理办法，推行校长职级制，努力造就一支政治过硬、品德高尚、业务精湛、治校有方的高素质专业化校长队伍。要加大校长培训力度，开展校长国内外研修，倡导教育家办学，支持校长大胆实践，创新教育理念、教育模式、教育方法，营造教育家脱颖而出的制度环境。

四、强化教师基础作用

教师队伍是办好基础教育的第一资源，是学校高质量发展的核心力量。近些年，在教师中滋长了"躺平"思想，存在教学质量低下，甚至违反师德师风的现象，急需加以解决。要提高质量就必须从抓好教师队伍建设这一基础性工作开始。

（一）加强培养培训

以新时代教师素质要求和国家课程标准为导向，突出新课程、新教材、新方法、新技术培训。要强化师德师风教育，引领教师坚定政治方向、爱岗敬业、教书育人、言行雅正。要加强教育和教学基本功训练，不断提高教师育德、课堂教学、作业与考试命题设计、实验操作和家庭教育指导等教育教学能力。要提高教师培养培训质量，坚持以问题为导向，把教师对培养培训和教育教学要求统一起来。

（二）优化教师资源配置

要按照中小学教职工编制标准做好编制核定工作，建立教师动态补充机制，制定符合教师职业特点的公开招聘办法，充分发挥学校在教师招聘中的重要作用，确保教师数量、质量能够满足学校教育教学需要。推进教师县管校聘、交流轮岗工作，建立优秀教师走教制度，让更多学校、更多学生见到优秀教师。要完善教师岗位分级认定办法，考虑学校地域、教师结构等实际情况，适当提高教师中、高级岗位比例。

（三）保障教师合法权益

要保障教师享有体检、寒暑假休息、不低于公务员收入水平等待遇，提升教师职业幸福感。要进一步完善绩效工资总量核定办法和分配办法，绩效工资增量主要用于奖励性绩效工资分配，提升教师实际获得感。要切实落实学校分配自主权，确保向教学一线和教学实绩突出的教师倾斜，提升教师进步感。要落实教师惩戒权，细化实施细则，依法依规妥善处理涉及学校和教师的矛盾纠纷，维护教师合法权益，促进教师既严格管理，又热情关爱学生，提升教师职业荣誉感。

（四）发挥教育科研作用

教研工作是基础教育事业的重要组成部分。学校要科学设置教研组、备课组，明确教研组工作职责，理顺教研管理体制，健全教研考核激励和专业发展机制，发挥教研组织对提升质量的专业支撑作用。要加强教研队伍建设，明确教研干部的专业标准，选聘业务精良、理论深厚、业绩突出、威信较高的教师担任教研组长、备课组长，发挥他们的专业示范引领作用，不断提升教研组成员专业能力。要完善教研制度，常态化开展教研工作，不断丰富教研内容，增强教研效果，引领和推动学科教师对课程、教学、作业和考试评价等重要教学环节的研究。

第四节　义务教育阶段提高育人质量的关键任务

义务教育阶段提高育人质量关键任务是切实减轻学生过重学业负担，这是一个综合复杂的工程，政府、社会、学校等多方都有责任。新中国成立以来，大体进行了教学内容的减负、推进书本知识和社会实践课程的融合减负、遏制片面应试减负、推进课程改革减负、纠正课程内容繁难偏旧减负、深化学校治理减负等六次减负，应该说校内减负取得一定成效。但仍然存在一些违背教育规律和学生成长发展规律的现象，以"应试"为导向的办学行为，增加了学生学业负担，扰乱了正常教育教学秩序。学校要树立科学教育质量观和人才培养观，扭转不科学的教育评价导向，切实减轻违背教育教学规律、有损中小学生身心健康的过重学业负担，促进中小学生健康成长。

一、树立科学的教育理念

理念是革命的先声，有什么样的理念就会有什么样的行动。现在社会上对提高教育教学质量，减轻学生学业负担议论比较多。总的来看，对提高质量，大家的希望和要求是共同的，但对减轻学生学业负担，认识还不完全一致。有的认为目前学生学业负担还是太重，影响了学生身心健康，应当加大力度持续推进减负；有的认为学生学业负担已经很轻了，再继续减负会影响人才培养质量，呼吁不要再减负。这两种观点实际上是把提高教育教学质量与减轻学生学业负担对立起来，片面认为提高教育教学质量就得增加学生学业负担，减轻学生学业负担就会降低教育教学质量，这些认识的根源在于教育理念的不同。提高教育教学质量不是不要考试，也不是不要升学率，而要反对的是简单、片面地以考试成绩、升学率来评价学校、老师和学生；减轻学生学业负担不是舍弃合理的学业负担，也不是舍弃必要的学习任务，而要减掉的是影响学生身心健康、禀赋特长发挥和长远发展的过重学业负担。学校要建立德智体美劳全面发展的质量观，遵循教育规律，坚持有教无类、因材施教，旗帜鲜明地追求在学生全面培养、全面发展基础上的"绿色升学率"，为不同性格禀赋的学生提供更加适宜的教育。

二、发挥学校主阵地作用

减轻学生过重学业负担的主阵地是学校。研究表明，学生学业负担与学校教育教学密切相关。有的学校办学能力不高，教书教学能力不强，仍然存在搞"题海战术"等问题，造成了学生的学业负担过重；有的学校存在对部分学习有困难的学生没有及时进行帮助，不能因材施教，使得这些学生感到学业压力过重。减轻中小学生学业负担，不能简单地通过缩短在校时间、减少作业量、降低课业难度等方式开展，而是要进一步全面落实立德树人根本任务，实施好"补齐教育短板、增加优质教育资源供给、提高教学质量、优化课程设置、建立科学评价、形成社会协同"的政策"组合拳"，满足人民"上好学"的需求，最终实现科学减负。特别需要指出的是，减负决不是降低课程质量标准，合理的学业负担是学生开发智力、激发潜力、锻炼能力的必要条件，学生完成课程方案、课程标准对应的任务是其应尽的学习义务、应该付出的必要努力。减轻学生负担要减的是强化应试、刷题训练、超前超标教学等不合理负担，对于必要的学习任务，该坚持的还是要坚持，以确保基本的教育水平，避免出现无差别、无目的、强制性的减负。

三、提高作业布置的质量

古人云："温故而知新。"作业是教师教学、学生学习的重要环节，对于巩固所学知识、检验学习成果、拓展知识应用、改进教学方式有重要作用。当前，很多学校、教师将作业等同于大量刷题，大部分作业题直接来自教辅材料，没有很好地研究内容的科学性和价值性，也没有充分考虑数量的合理性和有效性，导致作业应有的育人价值没有得到充分体现，阻碍了中小学教育教学质量提高和育人模式创新。要统筹调控作业数量和作业时间，提高作业设计质量，强化面批讲解，及时做好反馈，促进学生完成好基础性作业，强化实践性作业，探索弹性作业和跨学科作业，杜绝将学生作业变成家长作业或要求家长检查批改作业，不得布置惩罚性作业。要发挥考试应有的作用，从严控制考试次数，精选考试的时间和内容，把考试成绩评价方式由分数评价改为等级评价，不以任何方式公布学生成绩和排名。要坚持分层作业制度，对学习有困难学生降低作业数量和难度，让他们"吃得了"，对学有余力学生要拓展学习空间，让他们"吃得饱"，支持建立以学习共同体为抓手的帮扶制度，不抛弃、不放弃任何一个学生。

四、提高课后服务的水平

课后服务是发生在国家课程标准和课程方案之外的非正式学习，是学校教育的延伸和补充。课后服务的目的在于既要解决中小学生课后托管的问题，也要解决学生综合素质培养问题。当前，学校课后服务存在着形式化、简单化、随意化、碎片化的现象，导致课后服务质量还不高。学校要从规范课后服务时间、明确课后服务内容、制定课后服务标准、开拓课后服务渠道等方面，不断完善课后服务政策，提升课后服务质量，真正让学生学有所获、学有所得。要坚持以人民为中心，探索弹性离校制度，课后服务结束时间不早于当地家长下班时间，以解决家长接送孩子的难题。要把课后服务纳入整个课程体系和教学计划中，提供丰富多彩的作业指导、辅导答疑、社团活动、选修课程、文体活动、科学教育等课后服务内容，不断丰富课程供给，培养学生兴趣爱好。要做好"学困生"辅导帮助，让学生在校内学好学懂弄通，避免校外提前学、校内重复学等现象，切实减轻学生学业负担。要注重堵疏结合，推动完善课后服务经费保障机制，完善教师激励政策，调动教师参与课后服务的积极性。

第五节 义务教育阶段提高育人质量的保障措施

义务教育涉及千家万户，点多线长、面广量大，国家重视、社会关注、家长关心，关系着千家万户的幸福生活和学生的美好未来，关系着建设社会主义现代化强国和实现中华民族伟大复兴后继有人的伟大事业。义务教育阶段学校必须在党的领导下，落实家庭、学校、政府、社会各方面责任，构建学校、家庭、社会"三位一体"的协同育人格局，调动各方面力量，形成教育的合力，共同为提升教育质量提供保障。

一、坚持党的全面领导

党的领导是中国特色社会主义本质特征，东西南北中、工农商学兵都要坚持党的领导。教育是国之大计、党之大计，加强党对教育工作的全面领导，是办好教育的根本保证。中小学要加强学校党组织建设，落实好党组织领导的校长负责制，充分发挥学校党组织把方向、管大局、做决策、抓班子、带队伍、保落实的领导作用，确保全面贯彻党的教育方针、落实立德树人根本任务和社会主义办学方向。要坚持从严治党，加强师德师风建设，强化对意识形态的领导，发挥党员教师先锋模范带头作用，不断提高中小学党建工作科学化、规范化水平。要牢固树立科学教育观、正确政绩观，遵循教育规律和人才成长规律，培养德智体美劳全面发展的社会主义建设者和接班人。

二、构建协同育人机制

家庭是学生人生第一所学校，家长是学生第一任教师。当前学生负担过重、沉迷网络、劳动实践开展不够等，都与家长的教育观念密不可分，与家庭教育密不可分，亟待加强引导。要进一步明确家长在家庭教育中的主体责任，发挥家庭教育的重要作用，强化法定监护责任，形成家庭教育社会支持网络。积极开展家庭教育主题宣传活动，广泛宣传科学的家庭教育理念，推广正确的家庭教育方法，指导家长掌握正确的家庭教育理念和科学方法，理性帮助孩子确定成长目标，培养孩子好思想、好品行、好习惯。要充分发挥学校主导作用，利用家长学校、家长委员会、家长会等途径密切家校合作，营造协同育人良好环境。

三、维护正常教育秩序

教师是人类灵魂的工程师，从事着太阳底下最光辉的职业。近年来，因学校安全事故等引发的"校闹"事件时有发生，由于一些学校在预防和处置"校闹"问题上的体制机制还不健全，缺乏独立、权威、有效的纠纷化解机制、风险分担机制和"校闹"处置机制，往往采取"息事宁人""花钱买平安"等办法进行处理，这些现象，严重侵害学校、师生的合法权益，挑战法律底线，影响社会稳定，导致一些学校不敢正常开展体育教学、课外活动，教师承担了不应当承担的责任和压力，已成为教育管理和学校办学过程中的难点痛点问题，既干扰了素质教育的实施、破坏法治底线，也不利于学生法治观念和规则意识的养成，影响立德树人根本任务落实。学校要依法完善校园安全风险防控体系和处理机制，为师生安全托底，解决教师的后顾之忧，维护教师和学校应有的尊严，维护正常教育教学秩序。

总之，义务教育是国民教育体系的基石，学校要站在新的历史起点上，坚持为党育人的初心不改，为国育才的使命不变，不断深化教育教学改革，全面提高义务教育质量，为建设社会主义现代化强国和实现中华民族伟大复兴中国梦贡献力量。

第七章　普通高中阶段实施
多样化发展新方法

　　普通高中以培养担当民族复兴大任的时代新人为己任，是国民教育体系中承上启下的重要组成部分，在人才培养中起着关键作用。进入新时代，我国普通高中教育快速发展，普及水平不断提高，办学条件持续改善，课程改革深入实施，办学水平稳步提升，高中教育已经逐渐从"数量扩张"走向"内涵发展"，从"选拔性教育"过渡到"普及性教育"。普通高中多样化发展是普通高中教育阶段高质量发展的必然选择，是一种新的办学体制、办学类型、育人模式，对于巩固义务教育普及成果，为高等教育培养输送合格人才，进一步提高国家教育质量、人才培养质量乃至国民整体素质具有重要而迫切的现实意义。

第一节　普通高中多样化发展的时代背景

　　中国普通高中教育是在义务教育基础上进一步提高国民素质、

面向大众的基础教育，主要任务是促进学生全面而有个性地发展，为学生适应社会生活、高等教育和职业发展做准备，为学生的终身发展奠定基础。随着经济社会的发展，当前人民群众对教育的需求已经从"有学上"转向"上好学"，普通高中也迫切需要多样化发展，为每一个学生提供适合自己的教育，这是中国教育高质量发展的主要趋势，也是中国普通高中教育实现战略转型的必然选择。

一、普通高中多样化发展的重要意义

普通高中多样化发展是适应时代要求、培养合格人才、激发办学活力、更好满足学生全面而有个性发展需求的战略举措，也是普通高中高质量发展的必然要求。探索建立普通高中多样化发展途径，丰富普通高中办学形式和育人模式，对建设教育强国、人才强国、科技强国，实现中国式现代化具有重要意义。

（一）普通高中多样化发展是适应时代发展的必然要求

新时代，我国教育进入高质量发展新的阶段，这就要求普通高中要坚持以人民为中心，全面贯彻党的教育方针，把立德树人融入思想道德教育、文化知识教育、社会实践教育各环节，培养德智体美劳全面发展的社会主义建设者和接班人。但现实是普通高中教育还存在着素质教育实施不全面、"唯分数""唯升学率"的片面应试教育倾向严重等问题，急需深化普通高中育人方式改革加以破解和应对。高中多样化发展可以通过合理配置教育资源，提供适合学生禀赋特点的分类发展道路，既能满足人民群众对"上好学"的教育需求，也能满足社会对各类专门人才的需求，更好地实现普通高中的育人功能。

（二）普通高中多样化发展是培养核心素养的必然要求

近年来，随着教育领域综合改革的深入推进，尤其是新高考改革实施以来，普通高中教育更加强调对人的核心素养的整体性培养，更加关注以人为本的育人功能。但是，当前普通高中办学"同质化"问题突出，以往分层办学的模式难以满足学生个性化、差异化、多样化的学习需求，亟待深化普通高中育人方式改革。普通高中多样化发展能够推进培养模式多样化，探索发现和培养各类人才的途径，满足不同潜质学生的发展需要，努力培养学生的正确价值观念、必备品格和关键能力，使得普通高中教育逐步从分层办学走向分类办学，持续提升育人质量，满足学生全面而有个性的发展需求。

（三）普通高中多样化发展是实现教育公平的必然要求

实现公平而有质量的教育一直是我国基础教育的价值追求，公平不是平均，其核心应该是基于学生的个性化需求、多样化发展的客观规律，改变"千军万马挤独木桥"和"千校一面"的发展路径，为学生提供选择适切自己智能特长、兴趣爱好和身心实际教育的机会和多样化发展的教育，让每一位学生获得应有的发展。但是，当前由于高考"指挥棒"的作用及不科学的评价导向，升学率成了教育评价唯一标准和资源配备依据，导致学生发展呈现出单一的"以成绩论英雄"的局面，迫切需要创建多样化的普通高中发展新模式。普通高中多样化发展能够引导学校以学生发展为本，探索多样化、多途径的人才培养目标和方式，给每一位学生都有人生出彩的机会，实现学生全面而有个性的发展，形成"百花齐放"的发展格局。

（四）普通高中多样化发展是教育改革的必然要求

普通高中正处于普及攻坚、课程改革、高考综合改革三项重大改革同步推进的关键时期，出现了国家人才培养需要和学生个人发展之间、课程改革与考试改革之间、教育均衡性和学生需求多样化之间等一系列矛盾问题，这些问题迫切需要探索多样化的发展道路加以解决。普通高中多样化发展能够通过选课走班、学分制、综合素质评价等制度设计把现有的传统教育和人文教育、社科教育、职业教育、艺术教育、体育教育、科技教育、国际教育等多样化的教育方式融合起来，构建贯通招生、培养、评价、管理等环节的体制机制，既能在现有教育教学资源条件下满足学生全面而有个性的发展，又能培养国家所需的建设者和接班人，实现教育科学性和因材施教之间的平衡。

总之，促进普通高中多样化发展、推进育人模式多样化改革，引导普通高中由分层办学向分类办学转变，能够更好地满足学生全面发展和个性化成长需求，全面提升学校办学水平和人才培养质量。

二、普通高中多样化发展存在的问题

多样化发展是我国普通高中高质量发展的重要路径，但在现实中不少学校对普通高中多样化发展存在一些错误认识，影响了多样化发展的健康实施。学校需要全面正确认识和理解国家教育政策，厘清普通高中多样化发展内涵，树立明确的目标追求，选择正确的途径方法，建立体制机制支持保障，为普通高中多样化的发展指明方向、确定导向。

（一）政策认识不明了

近年来，党中央、国务院先后出台了支持普通高中多样化发展的一系列文件和规章制度，全面规划部署了普通高中多样化发展工作，构成了普通高中多样化发展的政策依据。但目前，大多数普通高中的教育思维还基本停留在传统教育的范畴，认为普通高中不是义务教育阶段，高考有选拔性、竞争性，无论国家教育政策怎么样，社会、家长、学生评价一所学校还是看升学率，这种认识把升学率和多样化发展对立起来，忽视了国家、社会对人才多样化的需求，忽视了不同潜质学生的发展需要，违背了教育规律和人才成长规律，把学生全面而有个性的发展等同于在高考中取得好成绩，导致学校一切工作围绕"高考"来组织，凡是高考不考的学科能不开就不开，一切无助于提高高考成绩的活动能不组织就不组织，一味通过增加学习强度、延长学习时间追求成绩依然是当下绝大多数高中的"重中之重""命根子""真功夫"，影响了国家高中多样化发展的政策落实，影响了普通高中教育持续、协调、健康发展。

（二）内涵把握不全面

普通高中教育是国民教育的重要组成部分，承担着为学生适应社会生活、高等教育和职业发展做准备，为学生的终身发展奠定基础的重要功能，这是把握多样化发展内涵的基本依据。从学校自身发展来看，多样化发展立足于不同发展基础的学校，通过打造优势特色学科群，引导和支持学校确定适合自己实际的多样化发展方向，调动每所学校办学的积极性和主动性，形成鲜明的办学风格，实现"百花齐放"的错位发展新格局；从学生发展来看，多样化发展立足不同智能基础、不同兴趣特长、不同人生规划、不同个性特征的学生培养需要，通过选课走班、发展指导、教学方式变革、综合素质评价等方式，为学生提供切合自己实际的多样化发展道路，为每一个学生都提供成才的发展机遇。但目前，不少普通高中把体育、艺术、科技等学校特色课程、特色社团、特色活动、特色班级等同于多样化发展，或者将学校多样化发展定位于兴趣类、特长类和创新类校本课程和人才培养上，虽然这些都是学校特色，但它们均是多样化发展的载体、工具和路径，而不是多样化发展的本质。将多样化发展窄化为某一类发展，忽视学生全面而有个性的发展必然导致固守应试教育逻辑，将特色人才培养置换为训练高考优胜者。

（三）价值追求不明确

普通高中教育和所有教育一样都要围绕"为谁培养人、培养什么样的人、怎样培养人"的教育根本问题，贯彻国家教育方针，承担立德树人的根本任务，坚持"五育"并举，培养德智体美劳全面发展的社会主义建设者和接班人。但目前，不少普通高中价值追求出现片面追求高考成绩和升学率、只见分数不见人、只见知识不见素养等现象，严重背离了普通高中育人的本质，阻碍了高中多样化发展。主要表现在：从历史角度看，普通高中经历了重点高中、示范性高中、优质高中等不同发展阶段，不同学校发展基础不同，形成了生源、师资、学校文化、办学风格、办学条件、教学质量、社会声誉等方面的差别，在传统办学模式下，优质高中凭借高质量生源和历史积淀，形成了较大的竞争优势，其他普通高中难以复制和超越，多样化的发展意味着教育格局、教育评价、教育资源配置等方面的重大变化，会触及一些学校的利益，很难达成共识；从学校角度看，多样化发展要求不同学校错位互补、分类发展，但很多学校在选择多样化发展的道路时，不是一切从学校实际出发，而是"不得已而求其次"，更不愿意主动"自降档次"，使多样化发展面临来自内部的巨大阻力；从家长角度来看，不少家长不顾学生实际和个体发展需求，片面追求考入名牌大学，谋求在高考竞争中占据优势位置，为将来就业准备好条件，降低了家长对普通高中多样化的认同度，落后的家庭教育观念也成为高中多样化发展的重要阻碍。

（四）实施路径不清晰

普通高中多样化发展是一项综合性改革，涉及办学体制、培养模式、课程设置、教学内容、教育布局、师资配置、招生方法等一系列问题。不同的普通高中因其地域特点、历史文化、教育教研、教师队伍、生源结构等不同而承担着不同的办学使命。但目前，不少普通高中在多样化发展的过程中缺乏科学顶层设计，出现单纯模仿、一哄而上、盲目实施的问题；一些普通高中缺乏生成逻辑，出现脱离自身实际、抛弃原有特色的标签化、浅表化、狭隘化、功利化、雷同化以及新一轮同质化等问题。主要表现是：从顶层设计来看，普通高中的多样化发展缺乏系统性，对普通高中阶段多样化发展的教育价值和功能的认识还有待深入，对多样化、特色化发展的目标和规划还不够清晰，推进过程中的重难点聚焦和突破还不够等；从课程建设上来看，普通高中的多样化发展缺乏特色学科，没有形成学科特色，在课程群建设、教学方式、教研模式及成果推广应用方面不足以引领带动支撑多样化发展；从师资配置上，普通高中的多样化发展主要借助第三方的力量，通过购买服务的方式开展多样化建设，没有形成较稳定的、能够承担多样化发展任务的师资队伍；从招生方式上来看，普通高中的多样化发展生源主要来自中考按照分数录取的学生，缺乏初高中贯通培养和按照多样化发展定位进行分类招生的自主权力，难以引导学校摆脱分层发展的困境。

（五）保障机制不健全

普通高中教育多样化发展的实质是对高中教育进行全方位、系统性的深入变革。但目前，不少普通高中的多样化建设受现有制度的阻碍，政策需求难以得到落实与推进。一些学校管理存在体制和机制性障碍，导致普通高中多样化发展在推进过程中总体上呈现出低水平。在评价上，还是单纯以高考成绩、升学率作为评价标准，多元化评价、发展性评价有待于进一步实施；在实施上，多样化发展往往是自上而下的部署安排，学校在招生政策、师资配置、办学条件、课程设置等重要的人、财、物、事的安排上是被动服从的，办学自主权、多样化发展的积极性有待进一步激发；在经费上，对普通高中多样化发展没有投入或投入不足，难以支撑多样化发展所需的课程建设、资源拓展、教学创新、合作办学等，严重制约了普通高中的多样化发展；在师资上，多样化课程和选课走班都需要大量专业化教师，目前的教师队伍建设无论是从数量还是质量上都难以满足多样化发展需求。

面对这些问题，普通高中要坚持以问题为导向，积极作为，努力破解发展难题，主动回应国家对多样化人才的多层次需求、学生和家长对优质教育的期盼，在遵循教育规律的基础上，探索多样化的人才培养新模式，全面提升育人质量。

三、普通高中多样化发展的基本原则

普通高中多样化发展是新时代伴随人民群众对教育新需求出现的新发展思路。引导普通高中从分层发展全面转向分类发展，为每一名学生全面而有个性的发展创造条件，形成教育质量均衡、办学特色鲜明、体制机制灵活的普通高中发展新格局，在实施中应遵循以下原则。

（一）导向性原则

要全面贯彻国家教育方针，落实立德树人根本任务，发展素质教育，确保社会主义办学方向，培养德智体美劳全面发展的社会主义建设者和接班人。要遵循教育规律和学生身心成长规律，树立科学的教育观、人才观、质量观、发展观、政绩观，规范办学，科学育人，着力培养学生良好政治素质、道德品质和健全人格，继承红色革命基因，努力造就有理想、有本领、有担当的时代新人。要围绕凝聚人心、完善人格、开发人力、培育人才、造福人民的工作目标，深化育人关键环节和重点领域改革，扭转片面应试教育倾向，切实提高育人水平，为学生适应社会生活、接受高等教育和未来职

业发展打好基础。

（二）系统性原则

要针对普通高中教育存在的突出问题和高考综合改革带来的新挑战，从育人体系、课程教学、学生指导、考试招生和条件保障等关键环节着手，统筹协调好考试招生综合改革、普通高中课程改革和普及高中阶段教育等各项发展任务，发挥政策集成优势，合理配置教育资源，充分调动教师、学生、家长等各方面的积极性，凝聚学校、家庭、社会育人合力，形成多方参与、协同推进的育人生态，构建普通高中高质量发展体系。

（三）公平性原则

坚持扶弱扶需扶新扶特，探索普通高中在人文、科技、数理、艺体、语言等方面多样化发展道路，为普通高中从分层竞争转向分类发展提供精准指导和必要的支持。坚持过程评价、增值评价和综合评价相结合，自我评价、专家评价和第三方评价相结合的评价办法，体现机会公平、过程公平和结果公平，引导普通高中转向多样化发展态势。要分类改进教与学的方式，建立对学校、教师、学生个性化、精准化评估机制，充分激发学校内涵发展动力和自主办学活力，引导普通高中在不断提高教育质量基础上实现多样化发展。

（四）自主性原则

坚持"无课程不特色，无特色不自主"，要强化学校主体意识，要根据自身定位、办学理念与学生培养目标选择学校的发展方向，以学科建设为基础，引导学校以课程为核心凝练办学特色，形成支撑多样化发展的课程群，科学构建多样化课程体系。要落实办学自主权，立足自身实际，挖掘自身特色，合理确定、自主规划多样化发展途径，自主实施多样化建设，激发学校内涵发展动力和自主办学活力。要强化学校改革创新意识，按学校多样化发展的定位深化教学改革，创新教与学的方式，加强学生发展指导，建立与学校多样化特色发展相适应的教学组织管理方式，确立课程、教学、评价、管理一体化发展机制。

总之，构建更加公平、更加开放、更有特色、更有活力的普通高中发展新机制，能够从根本上解决普通高中教育质量不够均衡、办学特色不够鲜明、体制机制不够灵活等问题，更好满足学生全面而有个性发展的需求和经济、社会对人才的智力需求。

第二节　普通高中多样化发展的主要内容

普通高中学校的特色化发展，要求学校根据自身传统、历史积淀、办学条件、资源现状、办学优势等多方面因素厘清"我是谁""我从哪里来""要往哪里去""培养什么样的人"以及"怎么培养人"等学校发展的基本哲学问题，进一步明确发展定位，并采用创造性的手段和途径不断强化自己的独特性，实现学校的多样化发展。综合全国各地普通高中多样化发展情况，大致可以概括为以下五类。

一、体制创新类

体制机制创新类普通高中一般是指优质普通高中、股份制普通高中、托管式普通高中、"1+3"四年制普通高中等发展基础好、办学条件优、师资力量强、教学质量高、社会影响力大的优质普通高中。这类学校发展往往进入"高原期"，但受体制机制的束缚，缺乏人事、招生、经费、分配等方面自主权，亟待经过改革实现学校跨越式发展。当然，也有一些是薄弱学校，这些学校受地域、资源、师资、生源限制发展较慢，但其干部和教师具有强烈改革创新意识，期望以改革谋发展、以创新图自强，实现学校"弯道超车"，这些学校也具有体制机制创新的基础，迫切需要进行体制机制创新。体制创新类普通高中主要是落实管理、人事、经费、招生、课程等方面办学自主权，完善学校治理体系，提升治理能力，激发办学活力，赋能学校发展。在招生上，要给予自主招生权，允许自定招生计划和办法，学校和学生双向选择，淡化中考竞争性压力；在经费上，支持普通高中将人员经费和公用经费整合为日常运行经费，实施全成本定额经费制度，年度包干，学校依法自主使用；在人事上，支持普通高中在人员编制总额和岗位总量及结构比例范围内，依据办学特色自主设置岗位，自主聘用教师，合理优化绩效工资结构和发放办法，探索灵活多样的分配形式，吸引高层次人才。

二、贯通培养类

贯通培养类普通高中一般是指完全中学、十二年一贯制学校、跨学段集团化学校、城乡一体化学校等跨越不同学段的普通高中。这些学校在发展中往往受中考制度和招生范围的制约，和优质高中相比不具备招生优势，长期受到生源困扰，影响了办学质量和社会声誉。贯通培养类普通高中主要是落实课程、师资、教研、招生等方面自主权，一体化规划学校发展愿景及育人目标，长周期、高水平培养人才。在课程上，要打通小初高课程体系，加强学段衔接，进行贯通培养办学模式改革，突破学段界限实现一体化培养；在师资上，优化办学资源、推动教师交流、加强评价激励、鼓励优秀教师跨校兼课；在教研上，要发挥特色学科引领带动作用，注重改进教学方式、教研模式，及时推广应用多样化发展成果，协同带动各学段经常性开展特色学科示范教学、联合教研、联合育人等；在招生上，支持学校初中毕业生全部或部分直接升入本校高中，引导学校摆脱区分强弱的分层发展，实现不分排名的特色发展。

三、合作办学类

合作办学类普通高中一般是指高校、科研院所等企事业单位独立举办的普通高中或者是和地方政府、教育行政部门联合办学的普通高中，前者学校的人、财、物均属于这些机构和院所，后者学校的人、财、物均属于政府，并有机构和院所在办学上指导、资源上支持。这类普通高中在办学上具有得天独厚的优势，主要是在落实资源共享、课程开发、高校招生上要打通基础教育和高等教育融通的渠道。在资源共享上，高等学校、科研院所要发挥专家学者的研究力量和先进技术装备、专业实验室等优势，融通普通高中和高校、科研院所育人平台，转化研究成果，帮助普通高中提升教师素养、开发特色课程、共建教育资源，协同培养创新人才；在课程开发上，要整合高校、科研院所等优质教育资源，聚焦国家重大战略需求，支持普通高中在信息技术、高端芯片与软件、智能科技、医药健康、节能环保、新材料、先进制造、国家安全等关键领域以及国家紧缺的人文社会科学领域开发实施的特色课程，构建协同培养课程群，有效衔接高等教育；在招生上，支持普通高中探索实行弹性学分制，和高校衔接选拔培养拔尖创新人才。

四、特色培育类

特色培育类普通高中一般是指在人文、数理、语言、艺术、体育、科技、金融、工程、国际教育等领域具有鲜明办学特色、科学课程体系和人才培育优势的普通高中。这类高中在长期发展中立足人才培养需要和自身办学实际，形成鲜明办学风格，打造出了自身特色。特色培育类普通高中主要是在其发展的基础上，进一步在师资力量、办学条件、课程建设、招生办法等方面进行凝练和聚焦，形成领域内课程建设高地，引领学校特色发展。在师资力量上，要改变单一的购买服务或者是校外培训机构进行培养的模式，支持学校探索校外高端人才使用方式，拓宽紧缺特色师资引进渠道，适当提高特色、优势学科领域高级职称评定比例，形成数量充足、质量较好的稳定的本校教师队伍；在办学条件上，要加大经费投入，建设符合学校多样化培育定位的专业教室、训练场馆、校园环境，配置好专业设施设备，及时补充器材耗材，满足多样化教学所需；在课程建设上，围绕特色培育等领域开发特色课程群，探索新的学习方式和育人模式，聚焦学生个性化学习发展需求，为具有特色发展潜质的学生提供多样化、选择性的课程；在招生上，支持普通高中自主招生与特色课程深度绑定，自定自主招生办法及规模，为普通高中多样化发展提供具有发展潜质的生源。

五、职普融通类

职普融通类普通高中一般是指有较为成熟的融通普通教育和职业教育特色课程体系及实施体系，并形成职业技能人才培养的办学优势和培养风格的普通高中。这类普通高中主要是改变普通高中技能类课程边缘化和职业高中忽视文化教育课程质量的两个极端，在课程资源、办学条件、教学方式、招生方式等方面，推进普通高中和职业院校深度融合，培养既有扎实普通高中学业基础又有一定职业技能的高素质国民。在课程资源上，要适应当地经济社会对高素质技术技能人才的培养需求，和当地职业学校、高等院校联合开发普职融通的特色课程群；在办学条件上，要自己建设或者与社会资源共建共享实训基地、设施设备；在教学方式上，要融通普通高中学科教学和职业高中专业教学，把知识评价和技能评价结合起来，实现课程互选、学分互认；在招生方式上，鼓励和引导普通高中自主招收一部分具有一定学习基础、动手能力强、职业倾向明显的学生进入职普融通高中学习，为培养高素质技术技能人才奠定基础。

高中多样化发展无论哪种类型都要基于学校历史、师资力量、办学条件、学科建设等实际情况，因地制宜确定多样化发展方向，培育优势学科，形成育人特色，积极作为，努力提升普通高中教育教学质量和办学水平。

第三节　普通高中多样化发展的实施途径

普通高中多样化发展作为一项综合性改革，是对原有教育格局的重构和完善。普通高中要进一步加大实施力度，构建起以多样化课程为核心，以综合素质评价为保障，以考试招生制度改革为关键的三位一体的实施机制，促进课程、教材、教学、考试、评价、招生等有机衔接，真正把普通高中多样化发展贯穿在教育教学整个过程。

一、建设多样化的课程

多样化的课程既是普通高中多样化发展的载体，更是发展的核心。普通高中多样化发展要立足发展定位，更新人才观、发展观、资源观、质量观，突出课程育人价值，切实以课程多样化建设支撑学校多样化创建，促进学校多样化的形成与持续发展。

（一）建设多样化学科课程群

学校要基于学校多样化发展定位，系统梳理学校课程建设情况，聚焦优势学科，重点总结选择性必修、选修课程建设情况，挖掘优势与亮点，查摆问题与不足，突破学科界限，将相关领域的课程整合为支撑学校多样化发展的课程领域的核心课程群，为学生提供多样化发展平台及个性化成长通道。要基于学生发展及学校多样化发展需要，围绕培养人的正确的价值观念、必备品格和关键能力等核心素养，充分挖掘课程资源，研发丰富多彩、结构合理、层次分明、品质精良的高质量的课程方案，为每位学生提供不少于36学分的可供选择的选修课程，并形成1个以上的多样化课程群，每个课程群包括的课程不低于7门14学分，满足学生个性化的课程需求，支撑学校多样化发展。

（二）优化多样化课程的实施

实施前，学校要制订课程实施方案，优化课程结构，完善课程设置，明确多样化课程实施的具体要求，确保课程育人价值的落实。实施中，要规范课程实施，加强课程管理，提高课程实效，强化常规管理，统筹均衡安排每学年开设的科目和课时；教师要遵循教育教学规律，积极转变教与学的方式，因地制宜把握课程育人目标，积极探索基于情境、问题导向的自主、合作、探究、体验等学习方式，认真开展加强课题研究、项目设计、研究性学习等跨学科综合性教学，认真开展验证性实验和探究性实验教学，提升课程育人效果。实施后，要精心设计作业，提高作业质量，增加探究性、实践性、综合性作业，既要关注学科知识体系，更要关注课程所蕴含的思想方法及正确的价值观，促进学生核心素养及个性潜能的发展；要克服"唯分数""唯升学率"倾向，建立以发展素质教育为导向的多样化评价体系，积极引导树立科学教育观念，促进持续提高普通高中办学质量水平。

（三）改进多样化课程的管理

学校要结合高校招生专业选考科目要求、学生兴趣特长和学校师资、资源的实际情况，制定选课走班指南，构建规范有序、科学高效的选课走班运行机制。要完善适应选课走班需要的教学组织管理制度，加强走班的管理和集体主义教育，强化任课教师责任，充分发挥学生组织自主管理作用，有序推进选课走班。要依据新课程改革和高考综合改革要求制定具体的学分认定办法，依据学科人才培养规律，科学开展学分认定工作，满足学生不同发展需要。要充分利用信息技术手段，开发课程安排信息管理系统，加强对教师配置、班级编排、学生管理、设施配备等方面的统筹力度，提高教学管理水平和资源使用效率，逐步形成行政班和教学班并行、科学规范、高效有序的教学组织运行机制。

（四）加强多样化发展的指导

新一轮普通高中课程改革和高考综合改革的最大特点是增强了学生学习的选择性，这符合因材施教原则，有利于促进学生全面而有个性的发展。但高中学生正处在从未成年走向成年、初步选择未来发展方向的特殊阶段，是世界观、人生观和价值观形成的关键时期，学生在学习和考试方面会面临更多的选择，迫切需要有针对性地给予指导。学校要建立学生发展指导制度，组建以班主任为主的专兼结合的指导教师队伍，构建学校、家庭、社会协同指导机制，通过学科教学渗透、开设生涯规划课程、举办专题讲座、开展职业体验等方式向学生介绍高校专业设置、选拔要求、培养目标及就业方向，为学生在理想、心理、学习、生活、生涯规划等方面提供咨询和帮助，帮助学生树立正确理想信念、正确认识自我，处理好个人兴趣特长与国家和社会需要的关系，提高学生选修课程、选考科目、报考专业和未来发展方向的自主选择能力。

（五）做好多样化课程的保障

要健全以校为本的课程群教研制度，积极探索基于学科核心素养的教学方式、评价方式变革，关注学生个体差异和学习过程，提高教师组织实施多样化课程的能力，把新课程、新教材的理念、内容和要求全面落实到普通高中教育教学各个环节，促进学生自主、合作、探究学习，不断提高教学质量。要加强教师培训学习，通过开设讲座、承担研究课、参与命题、分享经验等方式，定期召开多样化课程教学实践研讨会，培养多样化课程所需师资。要进一步健全经费投入、师资配置、专业研究、设施配备等工作推进机制和保障机制，满足教师培训、课程实施、教学研究、校舍建设、设备配置等方面的需要，为多样化课程实施提供有力支撑。

总之，在课程建设中，学校要遵循教育规律和学生成长规律，把科学的质量观落实到教育教学全过程，打牢学生成长的共同基础，满足学生不同学习需要，培养德智体美劳全面发展的社会主义建设者和接班人。

二、完善综合素质评价

综合素质评价是指如实记录学生成长过程中的突出表现，对学生全面发展状况的观察、记录和分析，以事实为依据进行评价，为高校招生录取提供重要参考的一种评价办法。学校要切实转变以考试成绩为唯一标准评价学生的做法，做好综合素质评价工作，引导普通高中多样化健康发展。

（一）综合素质评价的重要意义

高考综合改革要求学生评价方式开始从单一高考成绩评价转向以人的成长性、发展性为核心价值取向的综合素质评价。做好普通高中综合素质评价工作对全面实施素质教育、促进学生全面发展具有重要导向作用，它能够基于学生发展的年龄特征，把握学生的个性特点，关注学生的成长过程，真实反映学生高中三年的发展状况，有利于促进学生认识自我、规划人生，积极主动地发展，是培育学生良好品行、发展个性特长的重要手段。综合素质评价是考试评价方式的重要改革，有利于转变以考试成绩为唯一标准评价的错误育人观，能够促进学校把握学生成长规律，切实转变人才培养模式；能够激发每一个学生的潜能优势，促进学生全面发展、健康成长。综合素质评价对转变育人方式具有重要导向作用，能够指导新课标新课程新教法新高考改革，有利于落实立德树人根本任务，坚持"五育"并举，引导学生践行社会主义核心价值观，热爱中国共产党，弘扬中华民族传统美德，培养德智体美劳全面发展的社会主义建设者和接班人，推进核心素养的培养，鼓励学生不断进步。

（二）综合素质评价的主要内容

综合素质评价不同于学科评价，它没有现成的教材进行教学，更不可能以考试成绩的方式进行评价，它的评价内容更强调德智体美劳"五育"并举的综合性，指向提升学生核心素养的价值追求，落脚点在于培养学生社会责任感、创新精神和实践能力。普通高中要依据党的教育方针，从多样化发展的实际出发，根据学校的性质、学生年龄特点，结合教育教学实际，注重考查学生在思想品德、学业水平、身心健康、艺术素养和社会实践等五个方面的日常行为规范养成和突出表现，充分反映学生的全面发展情况和个性特长。在思想品德方面，主要通过记录学生参与扶弱济困、生态环保、赛事保障等方面的党团活动、社团活动、公益劳动、志愿服务等活动的次数、持续时间等，考查学生在爱党爱国、理想信念、诚实守信、仁爱友善、责任义务、遵纪守法等方面的现实表现等；在学业水平方面，主要通过记录学生学业水平考试成绩、选修课程内容和学习成绩、研究性学习与创新成果、日常课堂学习和作业完成情况等，考查学生对国家课程规定的基础知识、基本技能掌握情况以及运用知识解决问题的能力等；在身心健康方面，主要通过记录学生体质健康测试结果、体育运动特长项目，参加体育运动的效果、应对困难和挫折的表现等，考查学生的健康生活方式、体育锻炼习惯、身体机能、运动技能和心理素质等；在艺术素养上，主要通过记录学生在音乐、美术、舞蹈、戏剧、戏曲、影视、书法等方面表现出来的兴趣特长、参加艺术活动的成果等，考查学生对艺术的审美感受、理解、鉴赏和表现的能力等；在社会实践上，主要通过记录学生参加实习、生产劳动、勤工俭学、军训、参观学习与社会调查实践活动的次数、持续时间和形成的作品、调查报告等，考查学生在社会生活中动手操作、体验经历等情况。近些年，随着综合测试评价制度的不断完善，为适应普通高中多样化发展，在综合素质评价内容里，越来越重视增加能够为高校招生提供更为全面、个性化的学生多样化特色发展的信息，让学有优势、学有特长的学生在适合自身的轨道中获得长足发展。

（三）综合素质评价的实施办法

综合素质评价由学校组织实施，主要通过写实记录的过程性档案材料呈现。学校要建立完善综合素质评价实施办法，明确本校综合素质评价的具体要求，力求突出重点、客观真实、简洁有效地记录学生突出表现，既方便提供给高等学校招生使用，又便于对学生成长过程进行指导，促进学生发展进步。学校要健全学生成长写实性记录，注重在日常教育教学活动中，指导学生及时收集相关事实材料，及时填写活动记录单。每学期末，教师要指导学生整理、客观记录在成长过程中集中反映综合素质主要内容的具体活动，遴选具有代表性的重要活动记录和典型事实材料，一般性的活动不必记录；用于招生使用的活动记录和事实材料须于每学期末在教室、公示栏、校园网等显著位置公示，活动记录、事实材料要真实、有据可查，并且班主任、有关教师和学生要对公示后的材料签字确认；学校要按照学生综合素质档案格式对相关材料进行汇总，为每位学生建立综合素质档案，包括主要的成长记录、学生简要的自我陈述报告、教师在学生毕业时撰写的简要评语及相关特长、突出事迹、优秀表现等典型事实材料以及相关证明，档案材料要确保真实可信、突出重点，避免面面俱到、千人一面。普通高中要充分利用综合素质评价，注重过程指导，通过对学生成长过程进行科学分析，引导学生发现自我，建立自信，指导学生发扬优点，克服不足，明确努力方向。

随着高考综合改革的不断深入，综合素质评价越来越受到高校重视，成为招生的重要参考资料。学校要不断优化综合素质评价的结构、内容、程序，把综合素质评价工作落到实处，以适应普通高中多样化发展和考试招生需要。

三、改革考试招生制度

改革普通高中阶段学校考试招生制度对引领普通高中多样化发展、培养适应经济社会发展的各类人才、创新人才培养体系具有重要意义。普通高中阶段学校考试招生制度包括中考招生制度、学业水平考试制度、高考招生制度等三种。当前，普通高中阶段学校考试招生制度还不适应高中多样化发展的要求，存在一些突出问题，主要表现在：学校缺乏招生自主权，招不来符合多样化发展的生源；招生录取唯分数，忽视学生全面而有个性的发展需要；考试内容偏重机械记忆、重复训练，没有突出素养导向等。这些问题既影响了学生的个性化、差异化发展，也不利于学校的差异化、多样化发展，需要从以下三方面加以解决。

（一）改进普通高中招生录取方法

中招考试主要是衡量学生达到国家规定学习要求的程度，考试成绩是普通高中招生的基本依据。我国现行普通高中招生制度大多是统一按照中考成绩排序进行报考和录取，致使普通高中入学途径形成以分数为导向的单一模式，和中考成绩优秀的学生相比，具有多样化发展潜质的学生缺少选择的机会。那么，如何改进普通高中招生录取方法呢？在中考导向上，要坚持育人为本，围绕实现科学选才和促进教育公平，遵循教育规律和学生成长规律，在学生德智体美劳全面发展基础上，突出兴趣爱好，为学生进一步发展打好基础。在考试科目和分值设置上，要把国家规定初中教育阶段设定的全部科目纳入中招考试、考查的范围，引导学生认真学习每门课程，确保初中教育的基本质量。其中，语文、数学、外语、体育作为中考必备考试科目计入总分，其余可按照文理兼顾的原则选择部分科目作为中考必备计分科目，要将英语听力、实验操作纳入考试内容，分值根据教学内容合理确定，防止群体性偏科和加重学生负担。没有纳入中考必备计分的科目，可以采用等级制等多种形式呈现，克服分分计较，避免过度竞争。在考试内容上，要依据课程标准确定中考内容，学什么考什么，难度适宜、教考衔接，减少单纯记忆、机械训练性质的内容，增强与学生生活、社会实际的联系，注重考查学生综合运用所学知识分析问题和解决问题的能力，使教、学、考、招有机衔接。在多样化发展上，要在各门考试科目合格的前提下，给予学生一定的自主选择录取计分科目的机会，发挥学科优势，促进学生发展兴趣爱好。在招生方式上，要给多样化发展的普通高中一定数量的自主招生名额，支持特色高中在严格控制自主招生比例的基础上探索贯通直升的招生录取方式，依据自身办学特色，自主设定招生标准，明确特色学科在初中学业水平考试、考查或平时成绩中的要求。

（二）规范普通高中学业水平考试

普通高中学业水平考试主要检验学生达到国家规定学习要求的程度，考试成绩是学生毕业和升学的重要依据。在高考"指挥棒"的影响下，现行的学业水平考试存在过早以成绩决定高中的学科选择以及学生发展方向的问题，不利于学生的个性化发展和创新性培养。有的学校甚至出现违背教育规律的现象，如动员学生在高一就进行全学科的学业水平考试，以腾出时间专攻高考学科，不利于学生全面发展。那么，怎么规范普通高中学业水平考试呢？在考试导向上，学业水平选择性考试要以普通高中课程标准为依据，符合相应学业质量标准，突出立德树人导向，促进教考有效衔接，不要给学生过早圈定学业、职业方向，在经过一年高中学习后，学生可以根据自己的爱好与需求，对学业与不同类别的学校进行再选择。在教学进度上，要严格落实普通高中课程方案和课程标准，合理安排教学进度，开齐开足国家规定的各门课程，严禁压缩非选考科目的课时。在考试科目上，除将综合实践活动课程纳入综合素质评价外，国家课程方案规定的其他科目均实行合格性考试。在考试内容上，考试必修内容注重联系社会生活实际，加强情境设计，增加综合性、开放性、应用性、探究性试题，重点考查学生运用所学知识分析问题和解决问题的能力。在考试时间上，要保障普通高中正常教育教学秩序，统一组织实施的合格性考试应安排在学期末，高一学生参加考试的科目原则上不超过4科。

（三）衔接高等学校考试招生改革

高考是以国家普通高中课程标准和高校人才选拔要求为依据，根据人才培养目标和专业学习基本需要进行的选拔性考试，考试招生的方式既直接决定高校生源质量，也深刻影响高中多样化发展的方向。现行的高等学校的考试录取办法，产生了以个人成绩和学科难易度决定高中的学科选择以及自己的发展方向的问题，学生会扎堆儿选学难度低、容易拿高分的学科，而难度高、分数收益低的学科易被边缘化，背离了高考招生改革的初衷，不利于各类人才培养。那么，怎么衔接高等学校考试招生改革呢？在高考导向上，要在坚持公平性的前提下，破除"唯分数""唯升学率"的导向，坚持因材施教，把科学的质量观落实到教育教学全过程，打牢学生成长的共同基础，满足学生不同学习需要，创造条件让各具天赋和潜质的学生分别进入相应的学校，接受适合其自身发展需要的教育，提升高中阶段教育的育人功能，引导高中学校转变育人方式。在招生方式上，应充分考虑不同群体学生特点和高中多样化发展的趋势，不断适应社会对人才的多元需求，进一步健全分类考试、综合评价、多元录取的高校招生机制，招收具有学科特长、创新潜质的学生，构建多路径、多层次且立体交互螺旋式高考及招生新格局。在考试内容上，要有利于培养学生学习能力，促进学生系统掌握各学科基础知识、基本技能、基本方法，培养适应终身发展和社会发展需要的正确价值观念、必备品格和关键能力，推动普通高中转变人才培养观念，创新人才培养模式和教学方法，进一步提高学生综合素质，着力发展核心素养。在衔接途径上，可以借助高校的专业力量开展拔尖创新后备人才联合培养，通过开设大学选修课程、特色课程、项目式学习课程，服务地方经济社会发展，带动和支持普通高中学校多样化发展。

不可否认，每个人都拥有和他人不一样的个性潜能、性格禀赋，普通高中要积极适应社会对人才多样化的需求和招生考试制度变革，创造条件让那些具备各类拔尖潜质的学生进入适合自己的学校，接受针对性的优质教育，真正形成高中学校多样化发展、学生个性化成长的良好局面。

第四节 普通高中多样化发展的评价办法

普通高中多样化发展的评价不同于传统的学校评价，是伴随高中育人方式变革而诞生的一种新的对学校评价的方式，直接影响学生的发展方向和成长轨迹，决定了高等院校和社会对该校学生的认可度。普通高中多样化发展涉及学校、家庭、社会各方面因素，是一个长期、复杂的过程，需要通过建立科学的评价制度方式，改变单一以升学率为指标的评价导向，推动和引领普通高中多样化发展。

一、多样化发展的条件评价

学校要坚持正确办学方向，全面贯彻国家的教育方针，落实立德树人根本任务，坚持"五育"并举，培养德智体美劳全面发展的社会主义建设者和接班人。要遵循办学规律和学生成长规律，严格落实新课标要求和普通高中课程方案，开齐开足国家课程，规范办学行为，无违规办学行为。要加强多样化的宣传和阐释，让全校师生、家长、社会知晓并认同学校多样化发展定位、目标、措施，并将多样化发展贯穿学校教育管理全过程。要改善办学条件，支撑多样化发展的学科教室、功能室、场馆设施、专业设备等办学条件达到国家规定标准，且充分满足特色教学和选课走班需要。要显现育人效果，学生学业水平合格考试整体通过率、体质健康合格率达到国家规定质量要求，具有一定的社会声誉。

二、多样化发展的课程评价

学校要按照国家课程标准和课程方案，建立健全学校课程体系和支撑学校多样化发展的课程实施方案，并按计划实施。应在课程建设理念、育人目标、结构设计、实施途径、质量评价、资源支持方面能满足学生个性化发展需求，为学生提供多样化、个性化的成长通道。要开展指向学生核心素养培育与发展的教学新实践，形成至少一个多样化发展课程群，每个课程群包含的课程不低于7门，供自主招生的学生选修的特色课程不少于4门，每位学生在三年学习期间修习14学分以上。要认真组织课程实施，实施方式灵活多样、因地制宜，加强创新教育，注重学生情感体验，深度参与核心素养培育，在深度学习、项目学习、单元学习或跨学科学习等方面有成功探索的经验。

三、多样化发展的管理评价

学校要健全教学管理制度，规范教学行为，保障日常教育教学规范有序、科学高效地运转。要围绕多样化发展进行课程设计，有序推进选课走班，建立学生学分管理和学籍管理系统，落实综合素质评价制度，形成科学的学生培养模式。要建立与多样化发展相适应的管理组织机构，制定相应的教学、教研制度，开发适合普通高中多样化发展的学生评价、教师评价、学校评价等评价工具与体系。要建立与高校、教科院所、家长、社区及校外资源单位的协同育人机制，设有 1 处及以上与多样化课程相关的校外实践基地。

四、多样化发展的效果评价

学校要坚持全面育人，积极组织学生参加社会实践活动，培养学生良好的思想道德、心理素质、行为习惯和创新精神，做到德智体美劳全面发展。学校有学生发展指导制度和指导教师，开展多样化发展的职业体验、生涯规划指导和体现学校多样化发展的社会实践活动，能有效对学生学业、选课、职业发展、升学等方面进行指导，帮助学生培养自主选择未来发展方向的能力。学生认同学校多样化发展目标，对学校开设的特色课程群及教育教学工作满意率比较高。要构建学校、家庭、社会协同指导的机制，形成全员、全程、全面的育人合力。学生在多样化发展培养领域相关的各类考试、比赛和展示中取得优良成绩，具有较高的社会认可度。

五、多样化发展的保障评价

学校围绕多样化发展构建了新型的组织结构，建立了现代学校人事聘任制度、评价分配制度，充分盘活和释放了办学活力，赋能增效学校的发展。要有师德高尚、素质优良、结构合理的专、兼职教师队伍，教师具有较强的多样化课程开发及实施、学生发展指导、选课走班管理和学业述评能力。要构建并制定全员培训、专业发展培训的分类、分层、分岗的教师培训制度，提升能够支撑多样化发展的专业教师队伍的专业素质和数量。教职工对学校多样化发展的成效、对学校各项工作满意度较高。学校的用地、教室场馆、设备设施、图书资料、经费等满足多样化发展需要。与高校、科研机构、企业、社区、文化场馆等社会资源开展稳定的合作，形成有效的工作机制，促进了学校的多样化发展。

构建科学的普通高中多样化发展评价办法，有利于探索建立普通高中科学有效的育人体系，有利于激发普通高中办学活力，打造引领示范性强、群众满意度高、教学质量高的普通高中多样化发展新样态。

第五节　普通高中多样化发展的保障措施

普通高中多样化发展既是我国基础教育发展的基本政策，也是学校自身高质量发展的价值取向，涉及政府和学校、理论和实践、校内和校外等各方面因素，需要做好政策、师资、资源等保障工作，为普通高中教育多样化建设提供强有力的支持。

一、师资保障

普通高中多样化发展意味着在学校课程供给、学习方式和评价方式等方面要发生很大变化，需要配置更多数量、更加专业的教师方能满足学生选课走班和多样化发展需要。学校应根据多样化发展的定位，围绕多样化课程群的建设，通过"存量调配"和"增量倾斜"，配足配强与学校多样化发展相匹配的师资力量。要加大相应学科教师培养力度，实施教师全员培训和分层分类分岗培训，重点提升多样化课程研发和实施能力、学生发展指导能力和走班教学管理能力，引领学校多样化发展。要根据需要通过购买服务方式，加强与高校、科研院所、企业、社会专业团体以及职业学校的合作，共同开发特色课程，组建专兼职相结合的特色师资队伍。要积极探索面向高校、社会聘请有专业特长人员开设特色课程和建立教师跨校兼课制度，补充多样化发展后的师资缺口，形成一支满足学生个性化发展和学校特色发展需要的专兼职相结合的特色师资队伍。

二、条件保障

普通高中多样化发展意味着普通高中从分层发展转向分类发展，作为一种新的发展模式，能否行稳走远很大程度上取决于政策的支持和保障。在学校评价上，要树立正确政绩观和科学教育质量观，改变以生源、升学来评价一所学校的落后评价办法，形成针对不同类型学校的分类评价新模式。在考试招生上，高校要改变单一的根据文化课考试成绩录取的办法，加大综合素质评价在招生中的作用，给予不同类型高中、不同类型学生以不同的优惠政策，让各类高中、各类学生都有机会升入不同类型的高校，接受适合自己的教育。在办学条件上，要坚持按学校多样化特点，在基础设施、财政资金、教师调配、招生政策等方面给予学校多样化发展更多的支持，赋予学校更多办学自主权。在课程建设上，要根据普通高中学校类型、办学模式、人才培养模式以及课程学分框架，建立普通高中教育选课走班、学分资格认定制度，规范学分转换和互认等制度，使普通高中多样化发展更加灵活化、规范化、多样化。

三、资源保障

普通高中多样化发展因在办学模式、培养目标、育人方式等方面不同于传统普通高中，所以往往需要在课程建设、师资配置、办学条件等方面投入更多资金和资源，也需要更多的资源支持。在财政资源上，要设立多样化发展专项资金，根据普通高中分类发展所需进行拨款，为普通高中教师队伍建设、课程教学改革、条件改造提升、多样化发展项目提供充足的经费保障。在办学条件方面，要加大对普通高中多样化发展所需的特色学科教室、实验室及教学设施配备力度，为普通高中多样化发展提供充足的硬件保障。在技术上，要推进大数据、人工智能等新技术在课堂教学、作业、实践、考试和综合素质评价中的融合应用，促进精准化、个性化教学，引导改进学习方式和评价方式，为高中多样化发展提供技术保障。在协同机制上，要加强协同育人机制建设，坚持正确舆论导向，转变人才培养观念，引导家、校、社等各方力量共同关心孩子身心健康与全面发展，积极营造有利于普通高中多样化发展的良好生态。

推进普通高中改革发展是一项复杂的系统工程，要以多样化课程为基础，以学生发展指导制度、选课走班教学制度、学分制度和评价制度等为核心，以学科教师结构调整、学科教室和创新实验室建设、教学资源配置等为保障，充分运用互联网、大数据和人工智能等技术手段，形成发展优势，方能提升育人质量。

第八章　中小学加强学校文化建设新方法

　　教育是民族振兴和社会进步的基石，随着经济社会发展，人民群众对教育的要求越来越高。文化兴则国运兴，文化强则民族强。文化是一个国家、一个民族的灵魂。学校文化是从属于社会文化的一种亚文化，属于社会文化背景下的群体文化中的一种，它既是社会文化的一部分，又是一个有别于其他社会环境的相对独立的独特文化系统。学校文化是一所学校在长期历史发展中，在丰富的教育教学实践中积累、积淀而成的文化传统、价值追求、理想信念、学校精神等内含于心的思想认知、情感认同、风气氛围，是由全体成员共同创造、共同认可、共同遵循、共同享有的生活方式、思维方法、行为准则等外显于行的行为习惯、表现符号、形象特征。学校文化具有"以文育人、以文化人"的强大精神力量，是学校生存和发展的重要支撑，学校的每一次跃进，内涵的每一次升华，无不伴随着文化的历史性进步，它虽然无声无息，却能对每一个置身其中的学生和教师产生深刻影响，潜移默化中塑造着人的思维方式、人生观和价值观。在学校文化建设中要坚持正确的价值导向，以培育和践行学校文化价值观为核心，以办学理念为指导，以育人目标为目的，以校训、校风、教风、学风为保障，以构建良好的管理文化、课程文化、课堂文化、教学文化、环境文化、公共关系文化为主线，以形成积极向上的教师文化、学生文化为载体，努力建设体现时代特征和学校特色的思想识别系统、形象识别系统、行为识别系统，不断满足师生日益增长的物质文化、精神文化、制度文化需求，为培养社会主义建设者和接班人提供强大的精神动力。

第一节　加强学校文化建设的时代背景

"求木之长者，必固其根本；欲流之远者，必浚其泉源。"学校作为教书育人的场域和组织，承担着教书育人的神圣责任。学校文化是学校教育的重要组成部分，是全面育人不可或缺的重要环节，是展现学校教育理念和特色的重要载体。学校文化建设是一项内涵极其丰富的复杂系统工程，是一门科学，是一门艺术，更是一个有待开发的领域。中小学文化建设要正视文化建设中存在的问题，坚持导向性、系统性、教育性、内生性原则，不断增强文化建设的针对性、实效性，引领学校文化建设走上一条健康发展之路。

一、学校文化建设的重要意义

学校文化是一种强大的精神力量，是学校最有价值的东西，是学校生命之所在。学校文化具有强大的凝聚力、引领力，能够在潜移默化中凝聚人们的共识、引领人们形成正确的价值判断、共同的奋斗愿景、高尚的道德情感、科学的思维方法和良好的行为习惯，引导人们向往和追求向真向上向善向美的社会正能量和时代新风尚，大幅提高社会文明水平。可以说，文化建设是学校落实立德树人根本任务、实现教育高质量发展、培养全面发展人才的内在诉求，也是办特色学校、提升办学品质、促进学校内涵式发展的坚实基础。

（一）学校文化建设是学校立德树人的需要

学校是一个开放的教育组织，虽有别于社会，但它并不独立于社会之外，也不可能超越时代、社会和政治，而要受到社会各方面的影响，会随不同时期的社会意识开放和价值观的变化而变化。改革开放以来，社会上出现了历史虚无主义、极端个人主义、拜金主义等各种错误思潮、错误观点，这种错误思潮和观点必然要经过各种途径反映在学校生活的方方面面，从而使校园成为各种思想碰撞、融合的文化场所，并成为社会文化的一种辐射和有机反映。学校文化建设能够坚持正确的价值引领，强化意识形态、思想政治、道德品质、理想信念等方面的教育，推动党和国家理论创新成果进教材、进课堂、进头脑，不断巩固马克思主义在意识形态领域的指导地位，传承中华优秀传统文化，传承红色基因，不断提升师生文化自觉、增强文化自信、实现文化自强。能够推动社会主义核心价值观融入学校日常生活工作、贯穿教育教学各领域，转化为师生的情感认同和行为习惯，形成学校精神、学校价值、学校力量。能够通过教育引导、实践养成、制度保障等举措把党和国家教育政策、方针、路线根植于学校管理行为、课程体系、课堂教学、公共关系等日常教育教学行为中，熔铸于办学治校、教书育人、学习生活的实践中，内化成学校师生为建设社会主义现代化强国、实现中华民族伟大复兴梦想而团结奋进的共同理想、精神、情感和价值追求。

（二）学校文化建设是教育高质量发展的需要

新的时代，人民群众对教育的需求已经从"有学上"转向"上好学"，中国基础教育在经历普及、均衡等发展阶段后已经进入了高质量发展阶段。这个阶段是不同于以往发展阶段的理念、形态、格局，它集中体现在学校育人质量的整体提升上，表现在学校科学的办学理念、现代化的管理、丰富的课程、高效的课堂、良好的师资、优秀的学生、和谐的公共关系、优美的校园环境、优质的办学质量等方面。无论什么样的表现形式，都是学校文化的外在体现。可见，学校文化建设的本质和根本目的就是促进教育的高质量发展，前者是根本、是基础，后者是目的、是追求。学校文化的价值导向可以凝聚和团结师生共同为实现办学目标、育人目标而奋斗，不断提升全体成员的思想觉悟、文明素养、道德水准，推动学校高质量发展的进程。学校文化建设可以优化育人环境，以鲜明正确的导向引导、鼓舞学生，以内在的力量凝聚、激励学生，以独特的氛围影响、规范学生，促使学生在健康、向上、朝气蓬勃的环境中汲取知识营养，成人成才。优秀的学校文化能够唤醒人、激励人、发展人，引导教师树立正确的人生理想，培养高尚的师德师风，涵养深厚的学识水平，提高业务能力素养，不断改进教育方法，提高课堂效率、开发丰富课程，不断提升教师队伍质量，为学生一生奠基。良好的学校文化能够促使形成和谐共生的公共关系，构建教师教书育人、学生勤奋自觉、家校协同配合的教育格局，促进学校可持续发展。

（三）学校文化建设是学生全面成长的需要

教育的根本任务是立德树人，学校承担着培养德智体美劳全面发展的社会主义建设者和接班人的神圣责任。在培养人的活动中，以文化人是一种最深沉、最基本、最持久的方法，可以说，没有先进文化的引领、熏陶、浸润、塑造，就没有学校精神的极大丰富，就不能凝聚师生人心、规范成员行为、展示学校形象、提高文明程度、培育合格人才。学校文化是强大的精神力量，能够通过大力弘扬民族精神和时代精神，强化爱国主义、集体主义、社会主义教育，引导师生树立正确的历史观、民族观、国家观、文化观。学校文化能够对学生的人生观、价值观产生潜移默化的深远影响，帮助学生树立正确的理想和奋斗目标，做到自我教育、自我约束、自我管理，达到自我觉悟、自尊自信、自强自胜，使学生不断得到考验、锻炼，推动其不断进步。学校文化能够统筹调动教师、学生、家长、社会等各方面力量，以丰富的物质文化为基础、以高尚的精神文化为核心、以科学的制度文化为保障、以良好的行为习惯为目的来整合管理文化、课程文化、教学文化、班级文化、教室文化、环境文化，塑造优良校风、学风和教风，共同发挥育人作用。学校文化能够通过管理、课程、活动、实践、协同等育人渠道，聚焦学生发展核心素养，构建"五育"并举的育人体系，将育人融入学校教育教学各方面及全过程，实现全员育人、全过程育人、全方位育人。

新时代，学校文化建设必须贯彻落实党和国家的教育方针政策，在历史传承中设计、提炼和创新学校文化，构建具有学校特色的价值观、办学理念、育人目标等理念体系，并通过各种形式的活动、表达、环境等实践体系把其转化成学校成员的共同信念、价值观、行为模式和规则体系，让学校文化成为无处不在、潜移默化的强大教育力量。

二、学校文化建设面临的问题

在中小学文化建设实践中，由于对学校文化的内涵、文化的内容和建设的科学路径不清晰，导致出现偏离学校文化本质的局面，出现逻辑混乱、脱离学校实际、理念和实践脱节、文化体系碎片化等现象，不利于学校文化建设健康发展。概括来说，主要存在以下问题。

（一）学校文化理念逻辑混乱

学校文化建设要明确地回答好"我是谁""为了谁""我想成为谁""怎么才能成为谁"等问题。但在实践中，有的学校没有弄清楚学校文化的分类，混用各种文化类型，在繁多的文化要素中，多逻辑多层次拼凑在一起，各说各话。有的将校园装饰和环境建设片面理解为学校文化，以某种具体事物和形象寄托学校文化，但对其本体意义和引申意义挖掘不足或主观认识和情感表达偏离意象；有的学校没有弄清楚目标和过程、追求和行动、支架和结果、意向和内涵、整体和部分等关系，在其前后逻辑及表述上缺乏一致性和一贯性，存在前后矛盾、逻辑混乱、表述不清等问题；

有的把树、绳、花、草等器物意象当成文化价值追求，缺乏对文化价值观的概括和核心词的凝练；有的模仿、抄袭、套用多个概念，学校文化不符合学校历史、地域、生源等学校实际；有的学校文化体系没有核心、缺乏统领和主线，表述肤浅，逻辑孤立，结构拼凑，关系松散；有的学校对自己提出的学校文化概念随意解释，导致概念内涵被修改，外延被随意扩张和定义，出现课程文化脱离育人目标、校训违背办学理念、德育特色等同于办学特色等现象。

（二）学校文化构建不成体系

学校文化体系要按照文化的概念和内涵，围绕价值追求，顶层设计好学校文化框架，明确文化主题，构建包含价值观、办学理念、育人目标等在内的理念系统和与之配套的管理、课程、教学、行为、环境、教师、学生、公共关系等实践体系，并对学校的理念体系和实践体系进行逐级分解，最终指向形成文化共识和行为习惯，这才是学校文化建设的内在精神和生命之魂。但在实践中，有的学校不能凝练和提升既秉承传统文化又体现现代特征的学校文化，价值观与办学理念契合度不高，理念系统和实践系统结合度不强，导致学校文化无法操作，育人作用得不到发挥；有的学校的管理、制度、课程、行为等方面的建设与学校理念文化不能很好衔接，制度建设滞后于学校文化发展，课程教学背离学校办学理念，行为文化的约束性、引领性不强；有的学校文化体系不完整，文化要素不全，文化建设中的开放性、人本性、多样性、创新性缺乏，没有形成学校整体的育人力量。

（三）学校文化知行不能合一

学校文化建设不是空洞的口号和虚无的概念，而是一种行动和实践，需要统筹理念与实践，做到可操作、可分解、可测量、可实证，做到知行合一，方能发挥育人作用。但在实践中，有的学校缺乏连接学校文化理念体系和实践体系的支架，不能把学校文化理念体系落实在管理、课程、课堂、教师、学生、公共关系和校园环境等实践领域，出现学校文化理念系统与文化实践体系无关联或不一致的情况；有的学校不能围绕文化要素、类别和层级制定相应的规章制度、规范要求、评价标准，导致学校文化理念不能有效地转化为师生的行为习惯；有的学校不能利用好各种活动、仪式、庆典、环境和宣传媒介，抓住学校关键的人、关键的事，阐述好学校文化内涵，讲好学校文化故事，营造良好育人文化氛围，以规范、科学、可行的路径引领师生的行为；有的学校在文化建设中，忽视教师、学生、家长的主体地位和需求，导致其对学校文化建设的参与度不高，对学校的办学理念等认同度不高等。

三、学校文化建设的基本原则

针对学校文化建设存在的问题，学校文化建设要增强针对性和实效性，以问题为导向，全面提升学校的育人水平，培养德智体美劳全面发展的社会主义建设者和接班人。在建设中要坚持以下原则。

（一）导向性原则

学校文化的价值观是学校文化的灵魂，正确的价值观决定着学校文化的价值取向，具有统领作用。教育承担着立德树人的根本任务，培养的是德智体美劳全面发展的社会主义建设者和接班人。近些年来，有的学校文化建设重表面形式和载体，把"学校文化"异化为"学校美化"，简化为外在的、看得见的校园环境装饰和设施设备等器物建设，导致本末倒置，遮蔽了学校文化的本来面目；有的学校更多的是考虑适合学生特点，注重其娱乐性、知识性、趣味性，降低了对教育的政治性、阶级性的要求，结果使部分青少年在各种复杂是非面前，立场不坚定，良莠不分，缺少透过现象看本质的能力。在学校文化建设中，要敢于直面市场经济带来的极端个人主义、利己主义和拜金主义等落后腐朽的思想，坚持用马克思主义的世界观、方法论做指导，将习近平新时代中国特色社会主义思想融入学校育人各环节，既要重视文化的知识性、趣味性，也要重视文化的思想性和阶级性，帮助学生学会用辩证唯物主义的观点来观察问题、分析问题。要传承中华民族优秀传统文化，遵循国家法律法规和相关政策，落实国家教育方针和素质教育要求，符合社会主义核心价值观，确保学校成为培养德智体美劳全面发展的社会主义合格建设者和可靠接班人的坚强阵地。这既是学校文化建设的刚性要求，也是底线标准，更是学校文化建设的前提和保证。

（二）系统性原则

学校文化是一个生态系统，文化建设是一项系统工程，既有不同类别之划分，也有不同层级之区别，还有内外部系统之协同，涉及学校教育教学的方方面面，只有各部分互动共生、相互促进，才能形成文化建设的整体力量，落实在育人效果上。故此，学校文化建设要顶层设计、全面规划、系统建设。近年来，学校文化建设方兴未艾，但也出现炒作概念、玩文字游戏，逻辑混乱、拼凑散乱，照抄照搬、脱离实际等单一化、片面化、碎片化等异化现象。学校文化建设要建构好学校文化分类系统，把握好学校共同价值观、共同愿景、办学理念、育人目标、校训、校风、教风等隐性文化，也要把握好学校环境、制度、行为、校徽、校服、校旗、校歌、校园视觉识别等显性文化，通过内外兼修，达到以文化人的目的。要围绕价值观，凝练规划好学校文化理念系统，形成以价值观为"核"，以办学理念为"根"，以育人目标为"标"，以精神文化、制度文化、物质文化与行为文化为"茎"，以管理文化、课程文化、课堂文化、教学文化、学生文化、教师文化、环境文化、公共关系文化为"叶"，以成员共同认同并遵守的思想识别系统、行为识别系统、形象识别系统为"果"的完整的学校文化体系。要坚持学校文化理念系统和实践体系的一致性，以理念引领实践，以实践落实理念，避免办学理念和办学实践相互脱节、知行不一。要融合学校文化建设的软件和硬件，把握好教学与学习、教师与学生、学校与家长、课堂与课程、理念与实践等各种关系，注重各种教育要素的相互认同、相互融合、相互借鉴、相互渗透，全方位、立体化地建设学校文化。

（三）教育性原则

学校是育人的地方，教育的对象是人，教育的主体也是人，文化因人而生，故此，学校文化的目的是"人"，其基本功能是基于人、为了人、教育人、造就人、发展人，这是学校文化的特殊属性。随着社会的发展，全球一体化、知识经济化已成为世界发展趋势，信息化已成为时代的重要特征，学生的信息来源非常多，得到的信息非常复杂，这些信息有些是有用的，有些是无用的，甚至是有害的。面对突如其来的各种文化现象，学校要认识到学生毕竟是未成年人，辨析能力有限，需要接受社会意识和社会规范的教育和培养，学校要发挥主渠道作用，进行长期的、定向的、有目的的培养，不断提升学生筛选、辨析、吸收和运用能力。要遵循教育规律和人的成长规律，从师生的身心特点、生活实际和思想实际出发，既要重视尊重人、理解人、关心人，也要重视教育人、培养人，创造适合师生需求、利于师生发展的先进文化。要把文化浸润作为学校文化建设的出发点和落脚点，建设教育性、人文性的校园环境，让学校的一草一木、一砖一瓦都来育人，使师生在日常生活中接受先进文化的熏陶和文明风尚的感染，在良好的校园环境中浸润心灵、陶冶情操。要构建良好的、健康的教师文化，引导教师做"四有好老师"，当好学生的"四个引路人"，培养"教育家"精神。要构建素养本位、能力本位的课堂文化、课程文化、教学文化，坚持关注个性发展、关注全体学生、尊重学生成长和认知规律，把学生的德智体美劳全面发展作为办学追求。

（四）内生性原则

学校文化是内化于心、外化于行、以文化人的长期过程，是伴随学校诞生而诞生，并随着学校的发展进程而不断完善、不断发展、逐步形成的。学校文化建设不是一蹴而就的，也不是从天而降、无中生有的，而是有一个文化生成、文化自觉的过程，有其不断发展的内生过程。但在实践中，有的学校一味采用"拿来主义"，习惯于模仿借鉴其他学校的经验做法说法，脱离了学校的历史传统和文化生长的土壤；有的学校一味地跟风赶潮流追时髦，习惯于追求"高、大、上、洋"，不符合学校地域、生源、师资等实际情况；有的学校一味省事，习惯于委托给专家、机构或专业公司，帮助学校进行形象设计，建立一套相对完整、视觉效果较好的显性文化系统，但很多是有名无实、有形无魂，不符合学校文化的本质特征和生成逻辑。学校文化建设不能求全贪大、跟风追洋，要坚持一切从学校历史进程、现实基础和实际需求出发，既要重视文化系统的科学性、全面性，又要增强实效性、针对性。要尊重学校历史，传承学校优秀的文化传统，注重追溯和挖掘学校历史进程中关键人物、重大事件中蕴含的学校文化的基因，延续学校文化的根脉。要发扬民主精神，充分发挥师生在校园文化建设中的主体作用，动员其共同参与、共同创造、共同享有适合师生需求、利于师生发展的个性鲜明的学校特色文化，并要为师生参与未来学校文化发展留有空间，让师生真正成为学校文化建设的设计者、建设者、实践者，不断增强学校文化的凝聚力和影响力。

学校文化建设具有艰巨性、复杂性和反复性。学校文化建设要依据学校文化内涵及其逻辑体系，坚持正确的教育价值观，不断总结、提炼、完善文化建设成果，用高尚的学校文化唤醒人、熏陶人、引领人、发展人，促使文化建设成果引领、辐射、带动、惠及广大师生，提高人才培养质量。

第二节　加强学校文化建设的重要内容

学校文化的分类逻辑及其依据，是确定学校文化建设内容的根据，学校文化建设的内容因分类不同而不同。长期以来，学界基于对学校文化的认识不同而存在多种分类办法，大致经历了从早期的外延理解到内涵理解、从经验认识发展到理性抽象的过程。概括起来，大致有以下五种分类方法，相应地也有不同的建设内容。

一、从文化层次上分类的文化建设内容

文化层次的分类办法认为，学校文化是从属于社会文化的一种亚文化，是学校在长期发展过程中形成的并为成员所认同和接受的共同价值观、思维方式和行为准则，学校文化是整个社会文化体系中的一部分。最常用的分类办法是"二分法"，即将其分为物质文化和精神文化，前者包括建筑、资金、环境、设施等需要投入的物质条件，后者包括思想道德、办学理念、学校风气、价值追求、行为习惯等。在发展中，有人又采用"四分法"，把制度、行为单独作为文化概念提出来，前者包括学校人事制度、评价制度、分配制度、内控制度、财务制度、安全制度、学生管理制度、教师管理制度等保障学校有序运转的各项规章制度，后者包括学校领导干部、教师、学生行为规范等行为共识以及一致的行动。照此分类，学校文化建设的内容形成了以学校物质文化为基础，以制度文化为保障，以精神文化为核心，以行为文化为目的的文化逻辑关系。

二、从文化主体上分类的文化建设内容

文化主体分类办法认为，学校是由人组成的，文化离不开人，人是文化的载体，强调学校文化是一种公共关系文化，是在学校长期工作和生活的管理者、教师、学生以及和学校相关利益群体，如家长、社区等感知问题、认识问题、处理问题的内在工作和生活方式。最常见的分类办法是从学校文化的主体来认识学校文化，认为学校文化是由管理文化、教师文化、学生文化、家长文化等公共关系文化组成的，并以此理解学校文化的本质、要素和功能。管理文化包括学校领导干部的思想政治、道德品质、管理理念、管理能力、学识水平等影响学校文化建设及发展的核心素养以及相应的学校治理结构、领导体制、决策执行监督机制、各项规章制度等管理措施；教师文化包括价值追求、职业认知、师德师风、教风等文化氛围和相应的教师行为规范、表彰激励办法、专业发展规划、教育科学研究、校本研修等保障措施；学生文化包括学生价值观、思想政治、道德品质、学习精神、学风等内在追求和相应的一日常规、学生行为规范、学习常规、学生主题教育、校园活动等养成教育办法；家长文化包括家长教育理念、家长教育方法、家庭教育环境等和相应的家长委员会、家长学校、家长开放日、家访活动等科学、有效的家校协同机制。照此分类，学校文化建设的内容形成了以管理文化为基础，以教师文化为核心，以家长文化为保障，以学生文化为目的的文化逻辑关系。

三、从文化功能上分类的文化建设内容

文化功能分类办法认为，学校的最主要活动是教育教学活动，强调学校文化对这些活动的方法论意义，是学校内部关于教育教学活动的价值观念及行为态度或是根植于教育教学活动中的标准、态度、信念、行为、价值等的复杂形态。最常见的分类办法是围绕学校教育教学发生的课程、课堂、教学、德育等要素进行文化的构建，并能发挥相应的文化功能和开展建设实践。课程文化包括课程标准、课程方案、课程目标、课程结构、课程内容、课程实施、课程评价等课程体系及相应的课程规范和标准；课堂文化包括课堂预习、听讲、记笔记、研讨、复习、作业、考试等环节的标准、要求及相应的教师课堂教学规范、学生课堂学习规范和管理督导评价办法；教学文化包括教师集体备课、教学研究、教学目标、教学方法、教学内容、教学评价、学情分析、作业批改、学生辅导等教学规范和标准及相应的教师教学常规、学生学习常规和检查落实办法；德育文化包括师生思想政治、意识形态、生态文明、爱国主义、法治教育、心理健康、文明礼仪、劳动教育、民族团结等教育以及相应的管理、课程、活动、实践、环境、协同等保障举措。照此分类，学校文化建设的内容形成了以德育文化为首要，以课程文化为基础，以课堂文化为保障，以教学文化为核心的文化逻辑关系。

四、从文化表现上分类的文化建设内容

这种分类办法认为，学校文化就像冰山，既有看不见、摸不着的海面下的部分，也有能看得见、摸得着的海面上的部分，两者看似是割裂开的，但实际上是连为一体的，海面下的部分是根脉、是本质、是基础，海面上的部分是表象、是成果、是追求。最常见的分类办法认为，学校文化由显性文化和隐性文化组成，也有人将学校文化分为硬件文化、软件文化。隐性文化包括学校的价值追求、教育理念、办学理念、学校精神、思维方法等内化于心的思想认知及相应的文化文本、作品和活动等文化表现，可以通过感知、选择进行识别；显性文化包括学校师生行为习惯、现实表现、言谈举止、校园环境、学校建筑、文化符号以及家长、社会对学校校风、教风、学风的社会评价与认同等外显于行的行为表现、形象识别及相应的学校文化传承、公共关系、行为表现、工作效果等文化现象，可以通过观察、比较进行判断。照此分类，学校文化建设的内容形成了以隐性文化为基础，以显性文化为结果的文化逻辑关系。

五、从文化结果上分类的文化建设内容

文化结果分类办法认为，基于学校文化建设的本质和使命，学校文化建设最终的结果呈现既要有所有文化的共同特征，也要有符合本校实际的文化特色，不能千篇一律。基于这样的认识，最常见的分类办法认为，学校文化由思想识别系统、形象识别系统、行为识别系统组成，也有人将学校文化分为理念系统、实践系统、识别

系统。思想识别系统包括办学理念、育人目标、价值观、校训、校风、教风、学风等一系列体现办学思想的愿景和价值追求；形象识别系统包括校徽、校旗、校服、校花、校树、校园吉祥物以及校园的布局、园林、建筑、装饰、标识、颜色、符号等一系列区别于其他学校的视觉识别和环境特征；行为识别系统包括学校管理系统、组织系统、治理行为、规章制度、干部作风、师德师风、行为规范以及管理、课程、课堂、教育、教学等一系列具有学校特色的行为特征。照此分类，学校文化建设的内容形成以思想识别系统为核心，以形象识别系统为保障，以行为识别系统为目的的文化逻辑关系。

上述学校文化的分类，揭示了学校文化的组成要素及其内在关系，这种文化要素的逻辑关系形成了系统互动的学校文化生态系统。其实，不管哪一种分类，学校文化都是以价值观为核心，由全校师生共同认同、遵循、传承和创造的思想观念、思维方式、行为规范和生活方式以及承载这些的活动形式和物质形态，功能上有导向、传承、激励、约束、教化、发展的作用，明示着全体成员什么是应该做的，什么是不应该做的；什么是提倡的，什么是反对的。

第三节　加强学校文化建设的实施途径

学校文化建设是以学校为场域进行的文化创建活动，无论怎么分类和分层都需要坚持理念和实践相结合，以办学理念指导工作实践，用实践行动检验及完善学校办学理念，这构成了学校文化建设的内在逻辑，并贯穿学校文化建设的全过程。学校文化建设大致要经过资料分析、工具准备、调研评估、构建框架、组织实施、反馈矫正、固化传承等必要阶段和步骤，不断推动学校文化建设从理念走向实践，从表象走向实质，从借鉴走向生成。

一、学校文化理念系统建设方法

学校文化理念系统要围绕"办什么样的学校"和"培育什么样的人"的文化核心问题，制定包含价值观、育人目标、办学目标、校训、校风、教风、学风等在内的文化子系统，这既是学校文化建设的出发点和逻辑原点，也是学校文化建设的基础与根本，办学理念系统正确，则育人方向不会出现大的偏差。当下，许多学校在文化建设中仅关注"看得见"的文化或文化的器物层面，存在重显性、重物质、重表述、重活动等看得见、摸得着的形式，导致文化建设简单化、物质化、表面化、肤浅化、碎片化，本末倒置，脱离了学校文化建设的本质。其实，显性的、看得见的文化仅是学校文化的表现形式和载体，文化的本体和实质则是学校文化的理念系统，这才是对学校文化起决定作用的东西。在理念系统建设中既不能采用"拿来主义"方法，不顾及学校的办学传统和实际情形，习惯于模仿借鉴其他学校的经验做法，也不能一味地跟风赶潮流，不符合学校文化的本质特征和生成逻辑。学校要准确把握学校文化建设的整体框架，深入研究学校历史，置身于学校生活和具体场景中，把握学校文化的实质，并制订出高质量的学校文化建设方案。

（一）坚持正确的政治方向

学校文化的组织、设计与实施，都必须有明确的方向，符合党的教育方针。有些地方在组织校园文化建设时，把学生乐意不乐意、接受不接受、答应不答应作为文化建设的标准，殊不知这种标准是片面的，忽视了学生是未成年人的年龄特点，忽视了中小学的根本目的是培养社会主义事业的建设者和接班人。因此，在学校文化建设中，要把建设与净化并举，尽可能减少"文化垃圾"对学生的不良影响，把学生从纯娱乐、消遣性活动向有组织的教育性文体活动引导，从而培养有爱国主义、集体主义精神，友爱互助、开拓进取的一代新人。

（二）制定明确的办学目标

办学目标就是办学愿景，要体现国家意志、国家立场，这对于学校文化建设至关重要，也决定着学校的办学定位和未来一段时间内的发展规划。制定学校办学目标要顺应时代的发展要求，贯彻国家教育方针，落实立德树人的根本任务，遵循教育规律，尊重学校历史文化，一切从学校实际出发，批判性思考教育现实，找到问题的根源，改进和确立学校的使命、愿景与价值观。在此过程中，还要提供言说框架和在逻辑层次引导言说方向，直指价值核心和行为项，解决学校文化逻辑不自洽、表述混乱、语言繁杂的问题。

（三）形成共同的育人目标

学校育人目标是学生的成长画像，要体现教育教学效果和学生成长成果，也是文化建设的落脚点。制定学校育人目标要坚持学生立场，注重挖掘学校发展的历史，梳理学校文化的脉络，抓住关键事件和关键人物，经过精心的选择加工和合理转化挖掘其内在的教育价值，找寻学校演进的文化基因。要以培养全面自由和可持续发展的"人"为核心，着眼于人的本质，处理好人与人、人与自然、人与社会的关系，以精练、准确、必要、得体、清晰、简单的语言进行提炼和表达，确定清晰的共同认知。要和学校历史、地域、学段、特点相宜，既要简练有用，又要通俗易懂。要从育人目标的不同维度细化各项核心素养和学生发展的指标，以指导学校教育教学的各种育人实践活动。

（四）营造良好的学校风气

学校风气是指学校成员在学校日常教育教学及实践活动中，对学校文化各方面行为准则的理性认识和主观要求，包含学校校训、校风、学风、教风等，这是个长期过程，不可能一蹴而就，更非短期内可以通过移植、嫁接和定义形成。良好、积极、向上的学校风气是内部生成的，需要学校全体成员在长期的工作实践中不断思考与实践、凝练与验证方能形成。要坚持体现教师的核心作用和让学生站在最中央的学生立场，体现学校及其成员对教育应然状态的追求和情怀，引领全校师生为健康发展和终身幸福奋斗。要响应时代要求，坚持正确的价值观，遵守国家教育方针、政策、路线，遵循学生的成长规律，体现教育应然状态和本质要求，促进学生理想信念的生成。学校的校训、校风、学风、教风等设计要体现学校的特点和教育理念，形式上要简洁、鲜明、生动，文字使用上要符合国家通用语言文字的规范标准。

二、学校文化实践系统建设方法

学校文化建设要虚实结合、知行合一。明确学校理念系统只是文化建设的起点、原点，在理念指导和引领下进行生动实践才能搭建起文化的"大厦"。再好的理念不能付诸实践就毫无意义，再好的目标没有行动也难以体现价值，实践和行动始终是学校文化建设中最重要的环节，也是文化建设最重要、最艰苦、最长期的工作。

（一）制订学校文化建设的实践方案

学校文化建设决不能停留在理念层次，也绝不是口头提出几句口号、书面制定几项制度、墙壁挂上几条标语、梳理总结几篇文章就能建成的，要坚持在学校文化理念系统的引领下，实事求是，一切从实际出发，注重理论联系实际，从大处着眼，从小处着手，抓小事，下大力气，上高境界，见大成效。要围绕管理、课程、教学、环境、教师、学生等六个方面的文化子要素，明确以学年、学期、月度等不同时长为建设周期，制定具体可行的发展规划和行动纲领，明确具体的负责人和负责部门、工作指标、实施过程、达成的阶段成果和评估办法，推动学校管理改进、课程改革、教学实践、环境改造、教师发展和学生成长。如针对学生行为习惯、文明素养待养成的实际情况，要统筹设计实践行动的目标和规划，深入开展"争当文明学生，争当文明班级"的"双争"活动，提出"不追逐打闹、不大声喧哗、不乱扔杂物"的"三不"要求，明确"要节俭，要勤奋，要文明，要守纪，要卫生"的"五要"标准，引导学生从我做起，从现在做起，从点滴出发，让文明之光照亮学生人生跑道，为学生终身发展奠基。

（二）实施学校文化建设的实践方案

学校的管理文化、课程文化、课堂文化、教学文化、教师文化、学生文化等文化的建立与落实，既需要顶层设计、统筹规划，也需要注重细节、强调效率；既需要集中力量、集中时间打歼灭战，也需要保持定力、长期坚持；既需要时间的累积、经验的沉淀，也需要师生在学校活动中逐步构建、不断认同，这才是学校文化实践的应然状态。学校要按照学校文化理念系统的要求，着力建立现代治理体系，提升现代治理能力，不断改进自身管理工作。要积极建立岗位负责制的扁平化组织结构，激发学校各层级、各部门的组织活力。要完善学校规章和人事、评价、分配、安全、财务等各项内控制度，让管理工作更加规范、有序、高效。要优化协商、决策、执行、监督的管理流程和办事程序，让学校运转更加顺利与流畅。要构建满足学生多样化特色发展的多领域多层次的课程体系，满足学生全面而有个性的发展，培养德智体美劳全面发展的人才。要建立唤醒人、激励人、发展人的教师文化，引领教师理解、认同、践行学校文化，并在课程与教学层面产生实际影响。要组织全体教师共同探索、研究基于学校文化理念的教学改进措施，推动在常态化的教育教学活动中落实学校文化的理念系统。要在教育教学中自觉传播学校的文化理念，并以模范的言行影响学生，引领他们学习效仿。

（三）改进学校文化建设的实践行动

学校文化是在学校发展中经过一系列冲突争议才日积月累、一点一点逐渐形成的。任何文化都有或曾经有它存在有价值，学校文化建设不能盲目自大、唯我独尊，要破除闭关自守、关门办学的思想，敢于扩大学校文化同其他文化的交流碰撞，在碰撞中沟通、比较、融合，在实践中不断改进学校文化建设工作。要经常对照理念系统和实践方案审视工作进展、工作方式和实际成果，不断进行反思和改进，既要看实践是否符合学校的理念文化，防止理念和实践"两张皮"的现象，也要避免理念在实践中的变异走样；既要看学校理念对实践的指导、引领作用发挥得怎么样，也要不断审视学校理念系统的科学性、规范性、合理性和可行性，并及时加以修订。在阶段性行动之后，需要对照预定的目标和成果，评估理念文化系统实施效果，既要看阶段指标达成显性成果的程度，用育人实践效果检验学校文化建设理念的效果，也要看在实施过程中文化建设对学校发展和学生成长质量的影响，以生动的文化实践响应学校的办学理念。要组织好综合实践活动，让学生在社会"大课堂"中去验证学校文化建设成果，如组织学生参观高新农业示范园、考察民营企业、调查不同层次人群收入情况等社会实践活动，让学生更好地了解国情、民情，正确认识改革开放，提高对党的路线、方针、政策的认识，使学生正确认识到自己的缺点和不足，从而领悟自我价值，增强社会责任感。

三、学校文化保障系统建设方法

学校文化在学校发展中的重要作用毋庸置疑。但是，由于认识理解不深以及受功利思想影响等，学校文化建设往往说起来重要，做起来缥缈，形式大于内容，文化建设的总体成效不尽理想，其中重要的原因是学校文化建设缺乏支持和保障体制机制，影响了文化育人效果的发挥。

（一）凝聚学校文化建设主体的力量

学校文化作为学校成员共同创造、共同享有、共同认知、共同遵循的独特文化现象，反映了一所学校的精神传统，体现了师生共同的价值追求，最终反映的是学校师生的生活方法或生存方式，是学校集体的共同属性。真正的学校文化不是外部强加的，需要立足学校自身，从历史中汲取养分，自主生发、自己创造的。学校文化建设要动员全校的力量共同支持和参与，注重挖掘学校发展的历史，梳理学校文化的脉络，抓住关键事件和关键人物，经过精心的选择加工和合理转化，厘清学校的办学传统和文化精神。要坚持学校立场，动员和组织教师主动参与文化建设的决策、生动实践等，包括办学理念和育人目标的凝练、规章制度的出台、评价方案的制订等，在这过程中，既能够让教师贡献他们的智慧，激发教师主人翁的责任感和荣誉感，又能够融入他们的情感，触动他们的心灵，让他们更加乐意更加自觉地认同、支持、坚持、传承学校文化，从而使他们成为学校文化的建设者、维护者和捍卫者。要努力让学生积极参与学校仪典活动设计、学校环境美化、班级文化建设等活动，如为他们提供校徽的设计、大楼的命名、活动的策划等文化建设的机会，体现学生需求、意愿和心声，尊重学生创造，呵护学生的热情，从而使学生在参与文化建设的过程中获得认知的深化、心灵的愉悦和精神的丰盈，让走出校门的每一个学生都在学校里留下文化痕迹。要完善家长、社区及社会组织等共同参与学校治理的常态机制，提升学校办学治校的科学性和透明度，实现学校规范办学、部门联动治理、社会广泛监督的良好教育生态，促进形成学校、家庭、社会三位一体的教育良性互动新格局。

（二）营造学校文化建设的氛围

学校文化是一种潜移默化的教育力量，需要学校有意识、有目的地进行灌输、教育和引导。学校文化的重要载体是各种丰富多彩的活动。学校活动设计要贯彻学校文化理念，从大处着眼，从小处着手，精心选择活动内容，精心设计活动形式，形式多样，但精神不散，让每一名参与其中的师生在活动中涵养学校独特气质。要充分利用好劳动节、青年节、儿童节、建党节、教师节、国庆节等重大节庆日，春节、清明节、中秋节、重阳节等中华传统节日，学雷锋、"九一八"等重要纪念日，逐步开展尊师爱生、爱国主义、学风教育、文明礼貌教育、理想教育，公民教育的系列化主题教育，用高尚的文化去感染人、激励人、塑造人，彰显学校的育人价值。要组织好开学典礼、毕业典礼、成人仪式、入队仪式、入团仪式、升旗仪式等活动，唱响做大主旋律，以鲜明正确的价值导向引导学生，以积极向上的力量激励学生。要开展丰富多彩、寓教于乐的文化艺术节、科技节、体育健康节、劳动节、读书节，开展书法、绘画、合唱、演讲、读书、征文、拔河、运动会、知识竞赛、文艺会演等活动，丰富学生校园生活，促进学生身心健康发展。要利用爱国主义教育基地、公益性文化设施、公共机构、企事业单位、专题教育社会实践基地等各类社会资源，开展有益于学生身心发展的社会实践活动，增强学生的社会责任感、创新精神和实践能力。要支持学生参与体育竞技、文化娱乐、志愿服务等社团活动，丰富校园生活，发展素质教育，提高学生综合素质。要讲好学校文化故事，建立家校社协同育人机制，通过家委会、家长会、家长学校、社区志愿者，向家长、社区解读学校价值追求、办学理念、育人目标和发展愿景等文化内涵，谋求最大思想共识，取得理解信任，引起情感共鸣。要通过校刊、校报、宣传栏、广播站、电视台、网站、微信公众号、视频号等媒体平台，积极阐释学校的文化体系，宣扬学校的主流文化，传播学校价值观，形成良好的文化氛围。

（三）创设学校文化建设的环境

学校文化需要以学校理念为指引，高标准、高起点、高品质地对学校布局、功能、空间、楼道、教室、墙壁、角落、绿植、风格、色彩、学校 logo、校徽、校服、校旗、校歌等文化元素进行整体设计和实施，形成符合学校文化特质的形象识别系统，既满足功能需求，又凸显学校文化元素，让校园环境形象化地表达学校文化，无形中引导师生的行为。要合理安排教学区、运动区、活动区和生活区，根据各功能区的作用和特点，利用板报、橱窗、雕塑等设置文化主题，如张贴、悬挂英雄模范人物的照片、展示与家乡风土人情有关的作品等，还要给学生留下展示自己创作的作品或进行主题创作的空间，引导学生勤奋学习、健康生活，激励学生养成良好行为习惯，培养良好的思想品德。要从本地自然环境和条件出发，绿化、美化、净化校园，创建人文化的绿色生态校园，让校园的一草一木、一砖一墙、一树一花都能不断感染学生、熏陶学生。

要建设班级文化，鼓励学生自主设计班名、班训、班歌、班徽、班刊、班级口号等，教室的布置要做到温馨干净、物品摆放整齐有序、公物完好无损，发挥环境育人作用，增强班级凝聚力。要加大校史馆、图书馆、阅览室、体育馆、实验室、心理辅导室等学校功能室和场馆建设力度，使其成为学生汲取精神食粮的重要场所。

学校文化建设因其长期而更显重要，因其复杂而更显智慧，因其系统而更显能力。在学校文化建设中要充分发挥其育人功能，不断增强时代性、科学性和实效性，切实引领学校可持续发展，涵养师生心灵，提升育人质量。

第四节　加强学校文化建设的评价机制

评价是学校文化建设的重要组成部分和关键环节，是贯穿学校文化建设的不可缺少的重要活动。它是指以文化内涵和本质要求为依据，运用有效的评价技术、工具和手段，对特定时空的文化建设的过程、程度和结果进行测定、分析、比较、判断，并给予指导、改进、完善、提升的过程。科学的评价能够对学校现有文化状况和已经取得的文化建设成果、文化发展程度、建设水平做出测定和判断，对潜在的、有可能取得的文化发展预期进行假设和预测，对成功的经验、特色、亮点进行总结和归纳，对存在的问题进行发现和分析，以随时了解、摸清学校文化建设的现状，及时反馈、指导、矫正、改进学校文化建设，进而为学校文化的发展方向、路径、方法提供规划指导和实践影响。

一、学校文化评价的办法

学校文化评价是一门科学，评价结果的失真、偏差会严重影响对学校文化建设发展程度的判断，不但无法引领、指导学校文化建设，还会把文化建设引向歧途。因此，在文化评价中要根据文化评价的目的，选择适切的评价工具、制定科学的评价方法、遵循严格的评价程序。

（一）学校文化评价主体

学校文化评价主体因评价目的的不同而不同，一般分为内部主体和外部主体。如果是学校对文化建设进行自我评估，主要目的是了解、探测学校自身文化建设的状态，引领学校文化建设方向和路径，推动学校文化建设持续、科学发展，那么这种评价就是内部评价，其评价主体是学校成员，可以组建以学校各部门领导、教师代表为主体的文化建设评价小组，必要时也可以邀请专家、学者共同参与。如果是外部系统或上级部门对学校文化建设进行督导、综合评价、单项评价、阶段评价，主要目的是按照文化建设的政策、框架、标准对学校文化建设的质量、效益，以及发展水平进行价值判断，那么这种评价就是外部评价，其评价主体是教育行政部门、教育评价发起机构及相关的专家学者。学校需要按照评价主体要求梳理材料，总结成果，配合评价，然后根据评价结果改进学校文化建设。

（二）学校文化评价的方法

由于对文化行为依附性与建构性的不同认识，学校文化评价常采用定量评价和定性评价相结合的办法。定量评价是指按照学校文化建设的结构、层次、类别，将学校文化各要素分解成不同的标准、要求、指标和对应的量化分值，通过量化问卷、现场观察、数据统计等方法，将所搜集的信息进行量化分析，以获得可比较的量化数据，较为客观地反映学校文化的真实状态。但由于学校文化建设的复杂性和多元性，定量评价很难用数据反映出学校文化的本真状态，更难以发现外显事物背后所蕴含的文化意味。定性评价是指按照学校价值观、办学理念、学校精神等理念文化对管理、教学、课程、教师、学生、公共关系等实践系统的实践契合度、成员认同度、执行满意度、办学影响度等不能或无法量化的部分，通过问卷调查、访谈座谈、实地调研等方法，将所收集的直观信息进行定性分析，以深度挖掘学校文化建设的成效、落实的程度，较为完整真实地反映学校文化建设的真实状态和本质特征。但由于每个人的文化背景、对事物认知等的不同，定性评价受人的影响较大，很难确定评价结果的客观性、真实性、代表性。因此，在文化评价中，经常采用两者相结合的办法，以定量评价为基础，再将定量结果和定性评价的结果进行对比，从而获得较为完整、客观及真实的评价结果。

（三）学校文化评价的程序

学校文化评价是一项复杂的系统工程，但也遵循教育评价的基本步骤，一般分为评价前、评价中、评价后。评价前，要做好准备工作，指导学校各部门撰写自评报告、收集和分析评价所需资料、制订科学完整的评价方案，包括评价人员、评价对象、评价目的、评价内容、评价计划、评价工具、评价动员等方面，其中，最为重要和关键的是按照文化建设的维度研发调查问卷、访谈提纲、数据采集量表以及验证这些问卷、量表等的鉴别度、信度、效度。评价中，要严格实施程序，包括但不限于分析好学校文化建设资料、开好评价动员会、明确评价方向、解读好问卷和量表、收集好各种量化数据、组织访谈和座谈、进行实地观察等环节，其中，最为重要和关键的是做好评价假设和评价比较，以摸清最真实的情况。评价后，要进行研制文化建设报告提纲，对数据进行统计，对问卷进行整理，形成初步评价报告，对评价报告进行研讨，修订评价报告，验证评价报告，反馈评价结果，指导文化建设改进等步骤。其中，最重要、最关键的是根据采集的信息，较为准确地判断学校文化发展现状和发展程度，较为科学地总结归纳文化建设存在的亮点、特色、经验，较为准确地找到文化建设存在的问题、不足、教训并能分析出这些问题的内在原因，较为科学地预测学校文化建设发展前景、方向、路径，并能有效指导学校文化建设自我改进和发展。

二、学校文化评价的内容

学校文化评价内容是对学校文化建设的全面体检，应对照文化建设的要素和指标，系统检验文化建设质量，以指导学校文化建设健康发展。因此评价内容必须体系完整、标准清晰，有深厚的学理支撑和现实依据，同时还应具有很强的操作性，主要包含以下三方面。

（一）对学校文化体系的评价

学校文化体系具有系统性、统领性、完整性，涵盖了学校教育教学管理工作的主要方面，是学校开展文化建设的顶层设计和方向指引，因此要全方位、立体化评价学校文化体系，不能片面、单一地评价某一方面。学校文化体系主要评价学校文化建设的方案或学校文化建设规划框架的系统性、要素的完整性、目标任务的明确性、措施方法的可行性、实践与理念的一致性、学校历史文化的传承性和创新性、师生及相关利益群体的参与性和认同性等方面。

（二）对学校文化理念系统的评价

学校文化的价值观是学校文化的灵魂，决定着学校文化的价值取向，具有统领作用，更是学校文化建设的前提和保证。对学校价值观的评价，主要评价学校价值观和国家教育方针、社会主义核心价值观、中华优秀传统文化的切合度，办学目标、育人目标逻辑的科学度、表述的清晰度以及和学校实际、教育规律、人的发展规律的适切度。对学校校训、校风、教风、学风的评价，主要评价阐释的准确度、师生的认知度、和价值观的符合度。对学校校徽、校歌、校旗等的评价，主要评价阐释的清晰度、和办学理念的关联度、师生熟知度和呈现的审美度。

（三）对学校文化实践系统的评价

学校文化实践系统是文化建设的关键环节。管理文化主要评价管理理念的认同性、治理结构的现代性、规章制度的科学性、民主管理的参与性、管理效果的有效性。课程文化主要评价课程体系的完整性、课程目标的科学性、课程结构的合理性、课程实施的实效性、课程建设的特色性。课堂文化主要评价教学理念的正确性、教学方式的多样性、教学过程师生的互动性、教学效果的有效性。教师文化主要评价教师的职业认知的幸福感、教书育人的责任感、专业能力的提升感以及学校对教师发展规划、教研制度、校本研修、课题研究等方面的支持和促进教师成长的实际获得感。学生文化主要评价学生价值观的正确化、德育教育的体系化、团队建设的制度化、学校活动的丰富化、素质教育的有效化、德育效果的呈现化、学生发展的自主化、学生制度的激励化。公共关系主要评价学校文化的影响力、校内外交流的辐射力、师生交往的参与力、家校社共同育人的协同力、校园安全与危机的处置力。校园环境主要评价环境的安全性、美化的人文性、育人的教育性、环境的协调性、各种场馆使用的充分性和师生的共享性。

三、学校文化评价的应用

学校文化评价的应用是指通过对价值观、办学理念、育人目标等理念系统在管理、课程、教学、教师、学生、环境、公共关系等实践系统方面贯彻落实情况及呈现出的文化氛围进行了解分析，较全面地判断学校成员的价值追求、思维方法、行为习惯，以确定在文化建设中归属的类型、层次，并相应地改进学校文化建设，凸显学校文化特色。根据学校文化建设的现状，可以把学校文化建设假设为待发展型、发展型、成熟型三个发展阶段，各阶段呈现的特征如下。

（一）待发展型学校主要特征

校长缺乏文化建设意识，没有文化建设领导力，对学校文化建设框架、结构、体系、路径不清晰，对教师缺乏唤醒、激励，没有引领学校形成共同愿景和价值追求，不能给师生发展提供资源支持和服务保障。教师不喜欢学校、同事、学生和工作，没有发展平台和机会，个人需要得不到关注和满足，心理焦虑，工作倦怠。学校成员之间缺乏交流与合作、尊重与关心、安全与成就，公共关系敏感、冷漠、多疑、戒备、脆弱，师生之间、家校之间、干群之间攻击性强，矛盾层出不穷，成员深受人际关系的困扰和不合理要求的折磨。学校文化氛围较差，想干工作的教师、想学习的学生被孤立、讽刺、挖苦、嘲笑，被视为另类或威胁，出现较为严重的人才流失现象。招生困难，办学规模不断萎缩，教师缺乏高尚的职业动机和价值追求，教师和学生都不把学习当回事。

（二）发展型学校主要特征

校长有文化建设的意识，有一定的文化建设领导力。有学校文化建设方案，但存在文化体系不健全，价值追求有偏差，理念和实践脱节，文化建设停留在口号、书面上，学校内部成员参与性、认同性较差，没有形成文化育人氛围等问题。在管理上，学校片面追求升学率和单纯谋求在同行竞争中占据优势，高度重视内部管理以及控制，有完备的管理架构、严密的管理制度、标准化的管理流程和明确的责任和义务。教师专注于教书而不关注育人，侧重知识而忽视素养，专注于成绩而不考虑学生全面发展。公共关系上，学校成员之间有严格的地位层级关系，信息传递和沟通是自上而下的、单向的、下行的，严格强调服从和命令。学校文化氛围不浓厚，教师之间有一定的交流与合作，学生遵守秩序，但成员之间缺乏信任和内生的动力，师生权利得不到尊重和维护，个性、智能、特长得不到发展，权力、惩戒成为学校常见的育人办法。

（三）成熟型学校主要特征

校长有文化自觉，具备较强的现代学校意识和文化建设领导力。学校形成了正确的价值追求和共同的奋斗愿景，学校文化体系完备，文化要素齐全，文化建设知行合一，文化育人氛围浓厚，文化建设效果显著。在教师文化上，教师热爱学校、同事和工作，有较高的职业动机和追求，彼此之间互相信任、互相尊重，能够在教育教学教研上进行充分的合作交流，积极进行教学改革，教师能够自动、自发地自我奖励、自我约束。在公共关系文化上，干群、师生、家校之间的联系密切，相互尊重、相互鼓励、相互成就，交流沟通顺畅。在学校文化氛围上，学校是开放的而不是封闭的，是民主的而不是专制的，是和谐的而不是冷漠的；学校真正体现以人为本，建成人文环境和氛围，达到以文化人的目的；学校能够给教师发展提供充足的制度保障、资源支持、平台服务，成员之间有共同的价值追求和人生目标，有和谐的人际关系、正确的思维方法和良好的行为习惯，信息双向流动，彼此沟通无限。

第九章 中小学提升校长文化
领导力新方法

校长是学校文化建设中的关键人物，是一所学校文化的传承者、引领者、实施者、创新者、实践者。校长的文化建设领导力是学校文化建设过程中的关键因素和重要推动力量。近年来，在广大校长的领导下，我国学校文化建设取得了良好成效，提升了学校办学品位，提高了办学水平和办学效益。但面对新时代高质量教育发展的新要求和多样化特色化发展的新挑战，学校文化建设要在已有成果的基础上再提升、再发展，就需要进一步提升校长的文化领导力。

第一节 提升校长文化领导力的重要作用

学校文化建设是一项系统工程，需要经过长期、复杂的过程。既需要结合学校发展实际，凝练、总结、梳理、明晰学校已有的优秀文化传统，传承在长期发展中形成的绵延不断的学校精神；又需要结合新的历史条件、新的育人目标和新的发展任务，自主地、理性地对学校已有文化进行反思分析、完善重组，设计创生学校新文化，形成符合时代特点、切合学校功能的新的文化体系。在这个过程中，校长的文化建设领导力无疑起着关键性作用。

一、引领着学校文化建设的价值追求

学校是育人场所，承担着"立德树人"的根本任务，校长是学校的法人代表，是学校育人活动的主要领导者。校长的文化建设领导力要围绕"为谁培养人"的核心问题，回答好"立什么德""树什么人"的时代命题。这就要求校长要根据国家教育方针和社会主义核心价值观，遵循教育规律，结合学校历史和现实实际，凝练本校的办学理念，有意识、有目的地去引导全体教职工形成共同愿景和价值追求，整合、规范师生的思维方式、生活准则和行为方式，使其认同并践行学校文化，以实现学校办学目标和育人目标，引领学校发展。

二、主导着学校文化建设的目标取向

学校是一个有严格职业要求的组织系统，要按照国家要求达成办学和育人的目标。校长的文化建设领导力要围绕"培养什么样的人"的核心问题，明确"要办一所什么样的学校"的办学目标和"培育什么样的人"的育人目标。这就要求校长要带领师生，发挥集体的智慧，根据教育发展的新形势，科学探求学校发展中面临的优势和劣势、机遇和挑战，制定具有方向性、导向性的办学愿景和育人愿景，创建符合教育规律、学生身心成长规律，符合学校实际、具有学校特点的学校发展目标，以引领、凝聚广大师生为实现学校办学目标和育人目标而踔厉奋发、不懈努力。

三、决定着学校文化建设的实践方向

校长的文化建设领导力不仅需要校长基于学校历史和现实、面向未来的价值引领，还需要校长系统思考和整体构建学校文化建设规划和实施方案，更需要在此基础上，开展实施学校文化建设的一系列实践活动。这就要求校长在学校文化建设过程中发挥协调作用，围绕办学理念、办学目标、育人目标，协调好内外部的人与人、人与事、人与物关系，整合各种资源，调动各方积极性，使全体师生和相关利益群体形成共同的价值观和一致的行为方式，增强学校文化育人的凝聚力和战斗力。校长要加强文化育人的各种校园环境、行为规范和制度建设，强化在各种教育教学活动中学校文化理念的贯彻和指导，以此促成师生把学校文化从理念转化成行动。校长要利用一切场合和宣传媒介，持续解读、宣传、传播学校的文化体系，引导师生深刻理解、认同学校的育人理念和教育价值观。

学校文化建设是个系统工程，涉及学校各种要素的集成。校长的职业角色决定了校长的教育观、教师观、学生观和思维方式、行为方式会直接影响学校文化体系的构建和师生做人做事的准则。校长要深刻认识文化建设的重要性，增强领导学校文化建设的责任感、使命感，用文化引领学校发展进程。

第二节　提升校长文化领导力存在的问题

文化育人是校长重要的专业职责。但当前，不少校长深陷事务性工作，把大量精力投入到提高成绩和升学率中，存在对文化育人重要意义认识不足、文化育人的知识与方法不够、文化建设领导力不强等问题。中小学校长要正视这些问题，以问题为导向，不断增强文化育人专业能力，切实提高文化建设领导力。

一、校长学校文化建设的意识不足

学校文化作为一种无形的教育力量，具有潜移默化、润物无声的特点，对于凝聚师生人心、提升办学品质、促进学生成长和学校可持续发展具有重要作用。培育先进的学校文化、引领学校发展是校长的责任和使命。在实践中，一些学校校长对学校文化建设认识不足，不能从战略的高度和宏观的视野去思考学校教育的价值和"培养什么样的人"的问题，没有认识到学校文化对学校各种教育要素的统领作用。他们往往陷入事务性工作，认为学校文化建设是一件虚无缥缈的事情，无关紧要，关注点在学校建设、设备、安全、教师队伍、社会知名度、升学率等方面，缺少学校文化建设的自觉意识。

二、校长学校文化建设的能力不够

校长的文化建设领导力核心是校长所秉持的价值观、人生观、世界观，具体体现在办学治校过程中呈现出来的政治素养、社会责任感、教育情怀、教育观等。这就要求校长能够构建符合党和国家要求、符合教育规律、符合学校实际的学校文化体系。在实践中，不少校长或缺乏系统的教育哲学，不能厘清学校文化逻辑和关系，使学校文化呈现杂乱无序状态，无法指导学校发展；或缺乏先进教育思想，用落后的、过时的教育理念指导学校的工作，导致学校办学行为违反教育法规和相关政策，滋生消极文化；或缺乏整合、凝练、提升的能力，不能提出明确的办学理念或学校价值观，使学校文化缺乏主线和方向标，导致文化建设不成体系，呈现"碎片化""说做两张皮"和盲目发展的窘境。

三、校长学校文化建设的本领缺失

校长的文化领导力需要建立在丰厚的文化建设的理论知识和实践能力的基础上，这和校长从事管理工作所需要的教育学、心理学、管理学等知识和具体操作能力是有本质不同的。在实践中，一些校长缺乏学校文化建设的理论知识和指导学校文化建设的能力，对学校文化的含义、结构、内容、路径等不清晰，导致直接委托给文化公司、专业团队、专家设计或教师团队去制定，没有把自己的办学思想、学校优秀文化融入学校育人各子系统，失去学校文化的价值和意义。有的校长缺乏文化判断能力、文化构建能力、文化执行能力等实践操作能力，不能系统思考、整体设计和强有力地执行，导致学校文化挂在墙上、停留在纸面上、喊在口头上，没有内化于心、外化于行，形成文化育人的力量。

第三节　提升校长文化领导力的实施途径

随着教育高质量发展时代的到来，提升学校文化建设水平已经成为中小学高质量发展面临的重要问题。校长要积极响应时代发展要求，主动提升学校文化建设领导力，采取有效的策略探索学校文化建设的路径，通过文化建设提升学校办学质量，实现育人目标。

一、提升校长文化建设理论水平

学校文化建设是一门科学，校长除去掌握教育教学本体性知识外，还需要学习文化建设的相关知识，提升文化建设的理论水平。要学习国家教育政策、法律法规以及管理学的知识，增强价值构建和引领能力，进一步明确文化建设的目的、本质、职能、政策、原理、逻辑等，保持学校管理的政治高度和专业深度。要学习文化建设的技术，增强体系构建和实践能力，包括文化体系构建框架、梳理调研的问卷工具、精准语言表述规范、大数据收集和分析技术等，减少概念混用、逻辑混淆、语言混乱，增强文化建设的规范性和科学性。要学习文化建设规范和标准，对那些暂时无法纳入文化体系，弄不清逻辑关系，无法用准确语言表述，但又认为是比较重要的东西，要懂得取舍和留白。

二、提升校长文化建设设计水平

学校文化建设需要以校长为核心进行设计，不能"闭门造车"，不能"玩概念"和搞"文字游戏",校长文化建设水平直接决定了学校文化建设水平。校长要顶层设计学校文化框架,厘清文化建设的目标与方法、理念与实践、核心与要素等层面的逻辑关系,善于在凝练、归纳、总结的基础上用精准的语言进行表达。要掌握文化建设的方法论,要有自己文化构建的深刻思考,善于从纷繁复杂的现象中去粗存精、去伪存真,找到最核心、最本质的东西。要调动师生和相关利益群体共同参与,让学校成员有机会自主参与学校文化建设的不同方面和整个过程,建言献策,集思广益。要善于基于学校实际,科学预测学校发展程度,构建学校发展愿景,让学校文化成为全体成员共建、共享、共同认知并共同遵循的思维方式、生活方式和行为习惯。

三、提升校长文化建设实践水平

高质量的学校文化是能够内化于心、外化于行、以文化人的。学校文化建设不是靠"复制""粘贴""模仿"能够完成的,也非一蹴而就、短期可以完成的,而是在学校长期历史发展中,历代教职工的不断研究概括、实践探索中生长出来的。校长要坚持理论联系实际,把自身实践经验和学校文化建设的实际问题结合起来,把学思结合起来,把学行结合起来,自主获取信息,构建高于经验的理念文化结构。要善于构建学校文化实践系统,通过不断完善学校制度和行动,把理念文化植根到学校,传递给学校的教职工,推广、实施、创新本校的文化。要学会借脑办学、外部借力,坚持以我为主,通过聘请专家学者、文化研修、课题研究等方式,打破思维定式，开阔新视野，及时诊断、梳理、总结和提升学校文化的定位和方向。

　　总之，学校文化建设是学校教育生活的重要内容，贯穿于学校日常管理的全过程，于反复的改进中形成。校长的文化领导力落脚点在于构建框架清晰、细节精微、逻辑严密的文化体系，呈现在引导并影响师生形成向上的价值追求、行为习惯和思维方式。

第十章　中小学塑造学校文化价值观新方法

对学校文化含义的界定和认识的角度不同导致人们对学校文化的分类不同，但是不管怎么分类，学校文化的最核心要素和基础都是学校全体成员在长期工作和生活中认同、遵循和秉持的价值观。所有文化呈现出来的思想观念、思维方式、生活准则、行为方式、活动形式和物质形态，都是以价值观为核心的。中小学文化建设要凝练好价值观，这是文化建设的首要任务。

第一节　塑造学校文化价值观的重要意义

学校文化建设的价值观是指学校成员在做人、做事、做学问上的态度、信念、取向和对事物的看法，表现在学校办学理念、育人目标、校训、校风、教风、学风等各方面，明示着"办什么样的学校""育什么样的人"和"怎么培养人"等关系着办学方向和育人追求的根本性问题。中小学要高度重视学校文化价值观的重要意义，努力建设体现时代特征和学校特色的价值观，不断满足师生日益增长的精神文化需求，为培养社会主义建设者和接班人提供强大的精神动力。

一、学校文化价值观是学校文化建设的原点

有什么样的价值观就有什么样的学校文化，学校的文化建设是个长期、复杂、艰巨的系统工程。在学校文化建设的过程中，很多学校感觉头绪太多，无从下手，其原因在于对学校文化建设的原点，也就是"为谁培养人""培养什么样的人"等教育根本问题没有弄清楚。学校文化建设要紧扣时代发展的主题，全面贯彻国家的教育方针，坚持社会主义方向，坚持立德树人根本任务，传承中华优秀传统美德，着力培养学生坚定的理想信念、正确的价值追求、高尚的道德情操、无私的奋斗精神，引领学生从小立大志、树大德，成人成才。一切学校的文化建设都不能偏离这个价值观，否则，学校的文化建设就会抓不住根本，流于形式和细枝末节，造成"形散"又"神散"。

二、学校文化价值观是学校文化建设的核心

学校是育人的场所，学校文化是整个社会文化的子系统，是社会主义核心价值观形成和传播的重要阵地。学校要根据社会主义核心价值观制定学校价值观，旗帜鲜明地宣示学校办学目标和育人价值追求，并以此为基础凝聚学校成员共识，把办学理念内化到个人内心，孕育并巩固良好的行为方式和思维方式，形成学校明确而崇高的共同愿景，促使师生把文化理念转化为可以接受的行为习惯。

要围绕学校文化价值观构建优良的校风、教风、学风，优化、美化校园文化环境，开展丰富多彩、积极向上的校园活动，形成健康和谐的公共关系，推动学校文化建设发展。

三、学校文化价值观是学校文化建设的目的

学校文化建设事关办学治校、教书育人的方向和追求。在社会转型时期，人们的价值观出现了多元化，在学校文化建设中坚持正确的价值观，引领学生全面成长就成为学校义不容辞的责任，也是学校文化建设的一切行动的最终落脚点。学校根据校情、师情、学情凝练出的文化价值观，集中体现在办学理念和育人目标上，是学校文化建设的价值追求和愿景。学校的校训、校风、教风、学风等思想文化系统和管理、课程、教师、学生、教学、公共关系等子文化系统，既要围绕价值观构建，也要体现价值观并为价值观服务。从这个意义上说，学校文化建设的过程，就是重塑师生甚至家长的价值观的过程，甚至是改变"三观"的过程。

第二节　塑造学校文化价值观存在的问题

学校文化建设要在价值观引导下，准确地把握教育发展的规律和教育本质，构建不同层次的理念系统以及实现这些理念的一整套支撑系统和策略，激励、引导和教育全体成员，使其接纳、认同、践行学校的价值观，从而形成教育理想和追求。如果按照这个框架来考虑学校文化价值观建设的现状，目前学校文化价值建设还存在

如下问题。

一、学校文化价值观建设的意识不强

学校文化价值观建设具有重要的价值和意义，一个学校一旦形成了基于共同价值观的文化氛围，会广泛凝聚学校精神力量，极大地激发全校文化创新创造活力，强有力地支撑学校治理体系和治理能力现代化，引领学校快速和高质量发展。从这个意义上说，学校文化的价值观建设比学校管理和教育教学业务工作更重要。在实践中，一些学校对此认识不足，还没有意识到学校文化价值观的重要性，把价值观看作虚无缥缈的东西，甚至不清楚自己的办学目标和价值追求。表现在：一些学校侧重于管理的系统性、制度化和强制性，单纯强调学校的服从、整齐划一，导致教职工缺乏追求的目标和工作动力；有的学校陷于具体教育教学事务之中，落脚在升学率和成绩提高上，异化了教育的本质和学校使命；有的学校紧盯学校环境改造、设施设备更新等物化建设，满足于视觉、功能的改善，没有从教育根本任务和教育本质、学校任务和使命上去思考学校教育的价值和"培养什么样的人"的问题。

二、学校文化价值观建设的体系不全

学校文化具有结构化和系统性特点，在文化建设中要围绕学校价值观构建文化结构和体系，学校文化价值观蕴含在学校文化理念系统和实践系统中，学校所有的文化活动均应据此展开。在实践中，一些学校的文化建设在各个领域都有涉及，但是没有明确、一以贯之、达成共识的学校价值观，缺少把这些散杂点连接起来的主线，不能凝聚各方面的教育要素，共同为实现办学目标而奋斗；一些学校有符合实际的文化价值系统，能把办学目标和育人目标等表达出来，但是存在理念与实践脱节，只是停留在理念层面，限于言语表达，与学校各个领域工作貌合神离，在学校管理、课程教学等领域与所倡导的价值追求不一致等现象；有的学校文化价值观没有能体现党和国家对育人的要求，讲人性、讲道德、讲人格培养的多，忽视教育的政治功能；有的学校文化价值观表述逻辑混乱，把目标与方法放在一个层面，导致学校文化价值观无法发挥统领作用。

三、学校文化价值观建设的深度不够

学校文化的价值观是学校文化精神的命脉所在，是学校高质量发展的动力源泉。但在实践中，有的学校的价值观出现了标签化、浅表化、形式化的现象，甚至出现了庸俗化、商业化的问题，提出了名目繁多的"文化名词"，如花文化、绳文化、树文化等，重在外在表现或者与别人不一样的特色表达，没有触及或者牵强附会地联系文化建设深层次的价值观问题，更没有把价值观真正渗透到、融会到学校生活的方方面面；一些学校文化建设热衷于"去思想化""去价值化""去历史化""去中国化""去主流化""以洋为尊""以高为美""唯大是从"，跟在别人后面亦步亦趋、东施效颦，忘记了学校文化发源于学校长期发展中所孕育优秀传统文化，熔铸于全校师生在共同生活、工作、学习中所创造的先进文化，植根于

办学治校、教书育人的伟大实践。

第三节　塑造学校文化价值观的实施途径

学校文化价值观是兴校之魂，是学校精神的集中体现，是凝聚全校力量的思想道德基础。从小而言关乎学校文化建设方向、学校发展道路，从大而言关乎国家教育方针的贯彻、立德树人根本任务的落实、国家政治安全的保障和建设文化强国的实现，是构建先进、积极的学校文化的前提和关键。

一、树立正确的价值导向

学校文化价值观建设，其根本在于要坚持正确的政治方向，围绕培育和弘扬社会主义核心价值观构筑学校精神、学校价值、学校力量。要深入挖掘学校优秀历史文化传统中蕴含的价值理念、人文精神、道德规范，并结合时代要求继承创新，凝练提升为学校文化价值观。要强化教育引导、实践养成、制度保障，发挥学校文化价值观对学校管理、课程、德育、教学、活动、公共关系和校园环境文化等各领域的引领作用。要发挥好价值观的导向激励作用，整合物质、精神、制度、行为文化，使各方面政策都有利于价值观的弘扬与彰显。要推动价值观融入管理者、教师、学生等学校成员和家长的日常生活工作学习，并促使其转化为人们的情感认同和行为习惯。要加强学校文化价值观的解释、宣传、推广，激发师生形成正确的价值判断、共同的奋斗愿景、高尚的道德情感，引导人们向往和追求明价值、讲道德、遵法律、守纪律的生活，形成求真、向善、尚美的积极向上的学校正能量和新风尚，提高学校文明水平。

二、坚持科学民主的精神

学校文化价值观建设要坚持科学民主的构建之路，这关系着学校文化建设的规范性、科学性和可行性，关系校园内成员生存与发展的幸福感、实际获得感，是衡量学校文化建设最重要、最内在的维度。要尊重师生对物质条件、工作环境、生存健康、专业发展的基本需求，尊重师生的人格、自由、平等、休息、受教育等法定权利，让每个人都有人生出彩的机会。要发挥办学各相关利益群体的作用，保障其知情权、表达权、参与权、监督权，把价值观建设过程变成一种相互理解、换位思考、形成共识的过程，既能集合集体智慧，收集到合理的建议与决策，又能促使师生形成对学校的归属感与主人翁意识。要实事求是，遵循教育教学、学生身心发展的规律，保障教师的专业自主权和学生的多样化、个性化发展权，破除"唯分数""唯升学率"的错误导向，坚持素养立场，"五育"并举、立德树人。

三、进行丰富的建设实践

众所周知，学校文化的价值观不是主观自生的，而是需要通过有目的、有意识的教育引导，落实在日常的教育、教学、管理等育人实践中才能形成、发展和提高。要通过走访、访谈、查阅档案资料等方式，深入总结、梳理、凝练学校长期历史积淀中形成并确立的学校价值观，诠释好"培养什么样的人"和"怎样培养人"的问题，由此确定办学理念、育人目标、校风、学风、教风等思想识别系统。要领导全体教职员工基于价值观不断完善、建立起现代学校的人事、评价、分配、管理等制度，促使价值观从理念到行为、从行为到习惯、从习惯到文化转变。要在所有仪式、典礼、节庆活动中渗透、传递价值观，阐释学校价值信念与精神追求，引领全体师生认同、巩固和遵循价值观。要加强在校园空间、环境、设施建设中体现学校价值观，让校园的一草一木、一砖一瓦都来说话，体现学校正确的价值取向和更高的价值追求。

学校文化延续着学校的精神血脉，其价值观建设有传承和坚守，有创新和生成，绝不是简单复古，也不是盲目排外，要古今结合、中西融通，辩证取舍、推陈出新，摒弃消极因素，继承积极思想，才能实现学校文化创造性转化和创新性发展，提出能够体现学校立场、学校智慧、学校价值的理念、主张、方案。

第十一章　中小学建设课程教学文化新方法

学校课程教学是学校教育的主要活动，是育人的主要载体。课程教学文化不是学校文化的全部，但却是其最主要、最根本、最核心的部分，学校文化需要通过课程教学才能落地生根，才能体现学校文化的本质。中小学要高度重视课程教学文化建设，围绕办学理念，锚定培养目标，在课程教学中形成正确的价值追求、教育理念、教学方式和实践范式。

第一节　建设课程教学文化的重要意义

学校主要任务是育人，育人的主阵地是课程教学。构建积极、健康、科学的课程教学文化能够贯彻落实学校文化理念，提升教师师德师风、素养能力和业务水平，促进学生学业水平提高和身心健康发展，这既是学校文化建设的出发点，也是学校文化建设的主要目标。

一、学校文化的重要载体是课程体系

学校文化的理念体系，是课程体系的"总纲"，学校课程体系是学校文化的"细目"，只有两者结合起来才能"纲举目张"，有效促进学校文化的内涵提升。学校课程体系集中体现了学校的教育思想、价值追求、育人目标，只有把学校文化有机植入课程体系之中，把理念与实践、过程与结果、教师与学生统一起来，学校文化才能落地生根，并转化成实实在在的育人成果，实现学校育人目标。学校课程体系要围绕培养核心素养这一中心，在纵向上分人文社会科学、自然科学、数学、语言、身心健康、审美情趣等领域，在横向上分基础类、兴趣类、特长类、拔尖创新类等层次，不断完善课程结构、课程目标、课程内容、课程实施、课程评价等课程要素，进一步在课程教学中落实办学理念和育人目标，推动人才培养的内容、方法、途径和质量规格的落地。

二、学校文化的重要抓手是课堂教学

学校文化不是"空中楼阁"，不能脱离学校课堂教学而存在，是与学校中教师的日常教学工作和学生每天学习生活息息相关的。学校文化只有通过日常的课堂教学活动才能融入每一个学科、每一节课堂，才能真正落地，不断深入学生心灵，形成思想认知和行为认同，离开了课程教学，学校文化就会成为"无源之水"，就会丧失意义和价值。学校课堂教学要围绕学校文化，将办学理念、育人目标、校训等理念文化不断渗透到教师教学和学生学习行为之中，着力构建良好的校风、教风、学风。学校要坚持让学生站在最中央的育人立场，下大功夫引导教师精心进行教学设计，不断丰富教学内容，持续深化教学方法改革，着力培养学生学习习惯，努力提升课堂教学效果，让师生在耳濡目染中共同认可和遵守学校的价值追求、生活方式和行为准则。

三、学校文化的重要体现是教学效果

课程教学的效果是直接检验一所学校文化育人效果的"试金石"，学校文化建设是否科学有效，不是看停留在口头上、墙壁上、字面上的语言文字，更重要的是看教学的效果，呈现在学生时时处处体现的价值追求、道德水准、思维方法、行为习惯上。学科教师要深刻领悟学校文化的精神内涵，培养自己高度的文化自觉，在教学活动中贯彻基于学校文化的价值观、育人观、课程观、方法观、过程观、质量观和评价观，紧扣学科素养，发挥其独特的育人价值，共同承担起培养人的神圣责任，在日常的教与学活动中培养学生坚定的理想信念、高尚的道德情操、坚强的意志品质和扎实的知识基础等学生终身发展所需要的必备品格和关键能力，在教与学的生动实践中浸润学校文化，引领学生健康成长。

第二节　建设课程教学文化存在的问题

学校课程教学文化有积极和消极、先进和落后、高尚和庸俗之分，学校要有甄别、选择、整合、创造的能力，不断强化和提升学

校课程教学文化的内在活力与持久生命力。从实践来看，当前中小学课程教学文化建设主要存在以下三方面问题。

一、忽视学校课程教学文化育人功能

学校文化建设首先要回答好"办什么样的学校""培养什么样的人""怎么培养人""为谁培养人"的根本问题。课程作为育人的重要载体，教学作为育人的重要活动，两者能够整合学校文化中各影响要素的作用，整合各方教育力量，保证学校育人功能的充分发挥。但现实中，在"应试教育"的价值追求下，一些学校没认识到建设课程教学文化的重要性，仍然单一地把课程教学作为教育教学的一种活动，没有把课程教学上升到文化育人的层面上加以重视。一些学校虽然意识到课程教学文化的重要性，但仅仅把课程教学作为学校文化的独立系统，没有把其纳入文化体系之中，呈现出"说做两张皮"和"热热闹闹搞文化，扎扎实实抓成绩"的怪现象，导致课程教学不能较好地体现文化育人功能。

二、忽视学校课程教学文化育人途径

课程教学文化是落实学校文化重要环节，对于实现文化育人有着其他教育方式无法替代的作用。当下一些学校文化主要表现为理念、制度、环境、活动等显性文化，这些都是学校文化的组织部分，但对一个学校来说，其最核心、最持久的是师生的成长和发展。如果学校文化建设脱离了课程教学的主渠道、主阵地，就会背离学校文化建设的目的和教育本质，很难真正落地，最终流于形式。在办学实践中，不少学校文化建设搞得轰轰烈烈、精彩纷呈，但教师发展和学生成长显得一般，教学质量低下，办学水平也不高。其根本原因就在于，学校文化存在着有"重显性，轻隐性；重外部，轻内化；重物化，轻人化；重变化，轻演化；重强化，轻教化"的问题，没有能够充分发挥"以文化人"的作用，影响了师生和学校的整体发展。

三、忽视学校课程教学文化育人效果

新课改、新课标、新教材、新高考要求坚持核心价值导向，落实"五育"并举，突出学科素养，强调关键能力，考查必备知识。因此课程教学要围绕这个要求展开，推动教、学、评一体化改革和发展。但当前，在学校文化建设中存在的主要问题是一些学校只重视物质文化、制度文化、精神文化、行为文化等方面建设，把大量精力放在看得见、摸得着的显性文化建设上，把环境改善、组织协调、人际氛围良好当作学校文化建设的主要目标，虽然这些都是学校文化建设的重要方面，但没有抓住学校文化的重要活动——课程教学，忽视了对教师加强师德师风教育和对学生道德品质、学习习惯、学习方法的培养，导致课堂教学仍然停留在"填鸭式"的低效教学阶段，背离了中高考方向。学校文化建设要统筹各种文化要素，把学校着力点放在课程教学文化建设上，塑造良好教风、学风和和谐的师生关系，才能推动教学相长、共同进步。

第三节　建设课程教学文化的实施途径

随着时代进步，社会发展，学校不再是生产"标准件"的工厂，满足学生多样化、个性化需求，俨然已经成为当前学校教育发展的方向。学校课程教学文化建设要着眼于建设调动师生创造性、满足学生多样化、个性化需求和创新人才成长的文化环境，让教师得到充足的职业发展机会，给学生获得个性化学习和成长的平台。

一、特色课程彰显课程文化

无课程不特色。丰富多彩的特色课程是构建学校特色、建设特色学校的必然选择。学校课程要以素养为导向，坚持立德树人的根本任务，遵循学生成长规律，着眼于人的发展，把发展人的思维品质、创造能力作为首要任务，从语言、人文、科学、艺术、健康等领域，构建基础性、兴趣性、特长性、创新性、综合性等特色课程体系，培养学生掌握终身学习和未来发展的必备知识、关键能力、学科素养和核心价值。在国家课程上，要严格落实国家课程计划，开足开齐国家课程，同时要积极探索学校文化融入国家课程的创生与优化；在校本课程上，要根据自身历史文化、地理位置、自然资源等多个方面的优势，探索把学校文化内植于多元化的特色校本课程的路径。概言之，学校的课程体系要处处体现学校文化的价值追求，以丰富多样的课程菜单和灵活机动的课程实施来满足学生的个性化需求，实现学校文化的育人目标。当然，以学校文化为魂打造学校课程体系，绝不是通过简单的外在移植能够实现的，而应该是内在地植根于学校文化并通过不断创生来实现的。

二、课程教学内植课程文化

学校文化建设的目的在于实现育人目标。课程教学是学校文化体现最集中、最高效的地方，有什么样的学校文化就应该有什么样的课程教学文化。同样，课程教学要充分体现学校文化，再好的学校没有学生全面而有个性的发展都不能成为老百姓心目中的好学校。好的课程教学文化首先就体现在好的学风上，学校要改变"填鸭式""满堂灌"的落后教学模式，大力推进素质教育，坚持让学生站在课堂最中央，打造生动活泼的互动式、启发式、探究式、合作式教学方法，保护和尊重学生宝贵的自信心、质疑、思辨、创新的思维品质，培养学生勤奋、严谨、细致、认真的学习风气，健全学生人格，滋润学生心灵，真正把学习过程变成以学生为主体的对话过程，满足社会对人才的需求。概言之，学校要以学风建设作为课程文化的突破口，改造学校的文化系统，使之适应社会和教育变革的要求。

三、学生成长呈现课程文化

所有文化最终落脚点在学生成长上。如果说，学校文化是"蓝图"，那么课程教学文化便是重要的"施工图"之一，学校育人目标则是"宏伟的建筑"。学校中的现实存在是人，教育的对象是学生。从学校诞生那天起，学校就承担着培养全面而自由发展的人的重要使命，无论哪种课程观、哪种课程实践，都要为实现这样的目的，服务于特定时代、国家和社会。要不断优化学校课程的性质、结构、门类、内容、评价等课程要素，促进学生基于自身的禀赋、特点、角色而形成各自的思想观念、行为方式和核心价值观。要着眼于学生一生和未来发展，注重在做中学、用中学、创中学，理论联系实际，学以致用，知行合一，培养能够深深影响学生一生的必备知识、核心素养和关键能力，促使学生成功。要采用探究、合作、研究、启发、互动式教学方法，优化教师、学生、家长等公共关系，提升课程教学效果，最大限度发挥学校课程教学育人功能。

总之，学校课程教学文化从来不是自动生成的，是在长期传承和创新中积淀而成的，会经历一个由自由到自觉的生成过程。学校要提升课程教学的文化意识，把课程教学文化建设作为学校文化建设的重要组成部分，充分发挥课程教学文化的育人功能，提高学校办学品质，推动学校高质量发展。

第十二章　中小学开展综合实践活动新方法

进入新时代，科学技术迅速发展，特别是互联网、物联网、人工智能、3D 打印技术在教育中的广泛应用，对学校基础教育课程建设、教学改革提出了新的挑战，对课程形态、育人方式改革等提出了新的要求。中小学综合实践活动育人的重要抓手就是开好综合实践活动课。这门课程是 21 世纪初国家从全面贯彻党的教育方针、落实立德树人根本任务、发展素质教育的需要出发，在基础教育改革中新增的一门课程。与以前的"课外活动""第二课堂""社会大课堂"相比，除了地位的变化，更加凸显了课程的综合性、实践性、开放性、生成性和自主性。中小学要高度重视综合实践活动育人的重要性，积极主动开好综合实践活动课，引导学生既要重视知识的宽度，也要重视学习的深度，在实践中增长见识、丰富学识，通晓天下道理，掌握事物发展规律，做到敏于求知、勤于学习、敢于创新、勇于实践，沿着求真理、悟道理、明事理的方向前进。

第一节 开展综合实践活动的重要意义

基础教育是提高民族素质的奠基工程，要遵循青少年成长的特点和规律，坚持教育与生产劳动、社会实践相结合，方能培养德智体美劳全面发展的社会主义建设者和接班人。综合实践活动与学科课程在目标、内容、教学方式和评价方式等方面都有不同，在培养学生社会责任感、创新精神和实践能力等方面有着不可替代的独特育人价值。

一、综合实践活动是人才培养的重要载体

学校教育承担着立德树人的根本任务，对培根铸魂、启智润心具有重要作用。综合实践活动有利于培养学生核心价值观，它注重把理论学习和社会实践相统一，于实处用力，从知行合一上下功夫，在丰富多样的活动中加强思想政治教育、品德教育，把正确的价值观内化为学生的精神追求，外化为学生的自觉行动，促进学生德才兼备、全面发展。综合实践活动有利于培养学生核心素养，它注重在做中学、用中学、创中学，通过组织学生参加考察探究、社会服务、设计制作、职业体验等实践活动，引导学生在生产劳动和社会实践中应用知识，加深对基本理论和书本知识的理解，学用结合，以用促学，增长知识，增长才干。综合实践活动有利于推进素质教育，它能够打破学校围墙，把大千世界作为课堂，注重以人为本、因材施教、学用相长、内外结合，培养学生的创新精神和实践

能力，提高人才质量，促进学生全面发展。在这些方面，综合实践活动具有其他学科课程不可替代的育人作用。

二、综合实践活动是招生考试的重要举措

新一轮招生考试制度改革要求高一级学校招生要结合学生综合素质评价情况录取，各地都在积极探索基于统一的中高考成绩、参考综合素质评价的多元录取机制。打破"唯分数论"，引导学生德智体美劳全面发展的招生考试制度正在建立起来。综合实践活动没有也不可能统一组织考试，更不可能用一张试卷检测出学生综合素质，它更强调综合性、实践性、开放性、生成性和自主性，对破除"唯分数""唯升学率"等错误的教育导向有着十分重要的意义。学校要深刻认识到考试招生制度的变革，把握好教育教学新的动向，根据"五育"并举的要求，把综合实践活动的研究性学习、社会实践、研学旅行和志愿服务等情况纳入学校教学计划和课程方案之中，精选综合实践的活动内容，确保活动时间和经费，强化过程和参与，从学生入学就建立学生综合素质档案，为高一级学校招生时考查、评价学生综合素质发展状况提供可靠、真实的依据，积极推动人才培养方式变革。

三、综合实践活动是课程改革的重要抓手

综合实践活动是21世纪初新一轮基础教育课程改革的突出亮点，因为它是一门新课程，对学校的挑战比较大。综合实践活动有利于增强师生课程意识，提升课程开发和实施能力，创设体现课

程内容、符合课程要求的生动场景，强化学生认知体验和情感体验，促进整个学校育人方式、育人模式的转变。有利于优化教学方式，注重启发式、互动式、探究式教学，改变教师"满堂灌"教学方式，扭转学生被动学习局面。有利于遵循学科特点，重视情境教学，加强学科与学科、学科与技术、学科与生活之间的综合联系，开展研究型、项目化、合作式学习，提升学生综合素质，促进教师的专业发展，提升整个基础教育课程的实施水平。从某种意义上说，一个学校综合实践活动开展的水平和质量，在一定程度上反映出这个学校办学理念和教育教学整体水平，反映出这个学校的教职员工的教育观、质量观、发展观。

总之，综合实践活动课作为国家必修课程，不是"可有可无"的学科，也不是"边缘"学科、"鸡肋"学科，它已经日益成为全面提升基础教育课程实施水平的重要抓手。学校要把它摆在重要位置上，正视存在的问题，有针对性地进行改进，真正把综合实践活动规划好、落实好、实施好，培养德智体美劳全面发展的社会主义建设者和接班人。

第二节　开展综合实践活动存在的问题

综合实践活动开展以来，取得了较大成绩，也进入一个规范、有序、发展的阶段。但同时，也应该清醒地认识到，各学校综合实践活动实施水平还存在较大差距，一些学校为活动而活动，育人意识不强；一些学校顶层设计不够、随意性较大等，一定程度上影响了综合实践活动的育人效果。概括起来，主要存在以下四方面问题。

一、课程认识有待提升

综合实践活动课是一门新课程，从课程定位上是国家课程，具有强制性，但目前尚没有纳入考试科目。受落后教育观和应试教育的影响，一些学校教师和家长认为开展综合实践活动对提高学生成绩和升学率没有什么直接的帮助，所以无关紧要、可有可无，由此产生对学校开展综合实践活动不理解或者不支持的情况，致使一些学校"开不足""不开设"或者虽然开设了但被挪作他用的现象。一些学校还没有厘清必修课程和选修课程、学科课程和活动课程、分科课程和综合课程、国家课程和校本课程的关系，有的把综合实践活动当成"玩"的活动而不是"学"的课程，有的将综合实践活动归属到校本课程、选修课程，有的用学校日常活动、学科拓展活动替代综合实践活动课程，导致综合实践活动不能发挥应有的育人效能。

二、师资队伍有待加强

综合实践活动具有综合性、贯通性、融合性等性质，对教师综合能力提出了更高要求，但在现实中，很多学校都存在师资队伍建设比较滞后的现象。主要表现在：由于国内师范类院校及综合性大学的教育学院亦未开设相应专业，综合实践活动课教师职称评聘没有明确规定、教师工作量计算缺乏基本标准，导致综合实践活动课缺乏专业师资，基本由班主任或学科教师兼任，教师原有单一专业背景难以满足课程的综合性、实践性、活动性的需求。有的综合实践活动课教师知识结构欠缺，缺乏专业的理论知识和操作技能，队伍不稳定，流动性大，存在"一包到底"的现象，走向忽视学生的主体作用或放任自流的两个极端。有些教研机构没有综合实践活动课的教研员，学校也没有相应教研组、备课组，导致教师缺乏系统培训、专业研修机会和专业成长的保障，教师的成长都凭自己摸索，缺乏专业引领，很多教师能力有待提升。

三、课程实施有待落实

综合实践活动具有跨学科、综合性特征，需要整体进行规划、整合跨学科资源、动员各方面力量实施。但在现实中，有的学校没有课程规划，也没有课程实施的方法和技术，其学习范畴还停留在单学科的知识体系，导致课程无法发挥应有的效能和价值。有的学校单靠个别教师推进，导致教师无法协调相关部门和力量，出现实践活动"不出门"，跨学科综合课程变成"无学科"课程。更难的是课程实施的评价，由于综合实践活动很难用考试分数等结果进行评价，更多的是采用表现性评价、过程性评价，一般是依托综合素质档案的写实记录和以学生成果为依据的作品评价，这是符合综合实践活动课程特性的评价方式，但教师习惯传统纸笔、分数评价，若学校无法及时策划和组织，教师的评价活动就会不知如何开展。

四、课程保障有待完善

综合实践活动需要动员全校的力量，建立人、财、物等各方面保障机制，强化对综合实践活动的管理和必要监督。但当前，综合实践活动的修习情况作为综合素质档案的重要内容，其认定条件还是静态的文本，且学分认定和评价落实主体为学校，课程是否开齐开足没有办法得到保证，记录规范与否与操作规范与否取决于学校的自我约束和诚信机制，缺乏考试招生的公信力，导致部分学校在综合素质评价时出现造假现象。另外，综合实践活动需要走出教室、走出学校，但学生参加活动的安全问题缺少有效的长远机制保障，财政缺乏专项资金支持，优质课程资源不足，相关配套政策不完备，使各学校综合实践活动难以很好开展。

总之，综合实践活动要从课程性质出发，克服片面应试教育倾向，破除"唯分数""唯升学率"，重知识传授轻能力培养等现象，充分发挥学生在学习中的主体作用，着力开展情境式、体验式、研究性学习，把课内学习与生活实践联系起来，真正实现实践育人。

第三节　开展综合实践活动的实施途径

学校应加强对综合实践活动的组织领导，从课时、师资、教研、资源、评价等方面，建立健全常态化实施机制，认真开展综合实践活动，努力为每一个学生搭建好实践活动的平台。

一、做好课程规划和实施

中小学校要按照国家课程要求将综合实践活动纳入义务教育和普通高中课程方案规定的必修课程，与学科课程并列设置，因校制宜制定学校综合实践活动规划和实施方案。

（一）落实课程时间

按照国家课程规定，严格落实综合实践活动的教学时间，开足规定课时。小学1—2年级，平均每周不少于1课时；小学3—6年级和初中，平均每周不少于2课时；高中执行课程方案相关要求，不低于14个学分。因为综合实践活动内容不同、要求不同，教学时间亦有不同，但课时是有限的，所以综合实践活动的课时既可以单独使用，也可以集中使用，还可以与中小学课后服务进行统筹使用；既可以与地方课程、校本课程等课程整合使用，也可以与团队活动、研学旅行、劳动教育等各方面的活动结合在一起使用，发挥综合实施、合力育人的最佳效益，引导学生综合运用各门学科知识，分析、解决实际问题，提升实践创新能力。需要注意的是这只是底线要求，学校可以根据实际情况适当增加。

（二）设计课程内容

综合实践活动过去包括信息技术教育、劳动与技术教育、研究性学习、社区服务与社会实践等内容。近年来，随着课程改革深入，信息技术教育、劳动与技术教育逐渐从综合实践活动中分离出来，变成单独的学科，综合实践活动课程就由研究性学习、社会实践和志愿服务三部分内容组成。这些课程内容不同于学科教学内容，不能单纯采取课堂讲授、解题训练、做练习等教学方法，更多的是采取考察探究、社会服务、职业体验等方式进行。学校要根据教学进度、学段特点，统筹规划课程内容，让学生多参与、多体验、多动手、多思考、多研究、多参加到喜欢的实践中来，提高学生素养和能力，但注意不能增加学业负担。

（三）丰富课程形式

综合实践活动要以提升学生综合素质为核心，不断丰富课程形式，防止用学科实践活动取代综合实践活动，用上课方式"教"学生活动。学校可以将专题教育与综合实践活动课程活动主题进行整合，分类型、分学段开展中华优秀传统文化教育、革命传统教育、国家安全教育、法治教育、生态教育、心理健康教育、知识产权保护等主题教育，把其中蕴含的社会主义核心价值观、中华优秀传统文化和革命传统、符合时代发展趋势的专题转化为学生感兴趣的综合实践活动主题，以综合实践活动的形式实施好这些重大主题教育。要改变目前单纯编写主题读本进行训练和课堂讲授的落后教学方法，纠正各类专题教育割裂实施的倾向，结合实际，不断创新主题教育的方式方法，努力提高主题教育的针对性、实效性和感染力。

（四）改进课程评价

综合实践活动是学生综合素质评价的重要内容。在义务教育阶段，一般采取以学生"写实记录"为主要依据和由学校组织的"等级评定"等方式进行，评定结果一般可按 A、B、C、D 四个等级予以呈现，作为高中阶段学校招生录取的重要依据之一。在高中阶段，可以将思想品德、学业水平、身心健康、艺术素养、社会实践等五个评价维度细化到参加党团活动、社团活动、公益劳动、志愿服务、生产劳动、勤工俭学、军训、参观考察等评价要点，由学生实时将综合实践活动情况等评价内容进行写实记录，学校、教师及时进行审核管理，实现综合素质评价信息化、网络化，为开展教育教学管理和高校选拔录取新生提供客观、准确的信息参考。

二、加强师资建设和培训

综合实践活动课程有不同于学科课程的性质与基本理念、课程目标和内容、课程形态和活动方式，这对教师队伍的专业素质提出了新的更高的要求。目前担任综合实践活动的教师大多是班主任或其他学科教师，难以满足开展综合实践活动的需要。

（一）提升教师专业水平

学校要根据学科结构比例，充实、调配教师队伍，形成专职与兼职并存、班主任与科任教师共同参与、学校其他人员协助的教师队伍格局，逐步构建起比较稳定、专业性强的综合实践活动课程教师队伍。学校要开展对综合实践活动课教师的学习和培训活动，结合实际情况和典型经验，有针对性地组织相关研讨活动，以提升学生综合素质为核心，深入研究具体活动内容和形式等，防止用学科实践活动取代综合实践活动，用上课方式"教"学生活动，为教师专业能力素养提升提供专业支持。

（二）加强教育科学研究

学校要成立综合实践活动教研组，选配好教研组长，构建学校综合实践活动教研体系，负责制定综合实践活动整体规划和实施方案，对课程开发与校本化实施规划提供操作性指导。要组织综合实践活动教师开展科学研究方法、研究性学习活动指导、综合实践活动评价等研究工作，提高教师的综合素质。要组织开展综合实践活动课例评审、教学大赛、教师能力交流展示等活动，为教师提供专业成长平台，提高教师实施综合实践活动的能力。

（三）建设校本研修机制

研修活动只能管一时，机制建设才能管长久。中小学要探索建立学生综合实践活动成果展评交流机制，不断激发广大中小学生创新实践的潜能和动力。要将学生综合实践活动情况纳入学生综合素质评价，推动综合素质评价在招生录取中的使用，建立综合实践活动实施的长效机制。要将综合实践活动探索成果纳入教学成果评选范围，对优秀成果给予奖励，激励广大教师从事课程建设、课程研究和实践探索的创造性和积极性。要不断丰富综合实践活动课程资源，建立实践探索成果共享机制，充分发挥优秀资源和成果的示范、引领、辐射作用。

三、增加资源供给和支持

综合实践活动更多地要求学生走出教室、走向社会，到社会"大课堂"中学习。学校要根据教育条件、学校实际，与时俱进地制定各项配套举措，在资源适配、信息化环境建设、课程资源共享等方面，给予长期、有效的支持。

（一）整合社会资源

学校要持续推进涵盖党史、国情、传统文化、自然、人文、科技、体育、艺术、社会等多个领域的社会"大课堂"建设，动员社会力量支持学校教育，形成全社会共同育人的机制。要秉承"发展个性、培养解决问题综合能力"的课程育人宗旨，整合爱国主义教育基地、历史博物馆、革命传统博物馆、红色纪念馆、国防教育基地、生态教育基地等场馆资源，开展理想信念教育、爱国主义教育、革命传统教育、生态文明、民族团结、国家安全等主题活动。要依托大学、科研院所、高端实验室、高新企业、现代农业、先进制造业、劳动教育基地、综合实践基地、研学实践基（营）地等场所资源，开展研学旅行、科学教育、学工学农等社会实践活动。

（二）丰富教学资源

综合实践活动没有现成的教材，学校可以从"学校传统活动课程化设计、学校特色资源开发、学生自己发现并提出问题、学生感兴趣的共性研究主题、学科活动的渗透与拓展"等五大途径制订教育计划和学习任务单，解决"教什么"的问题。要建立参观考察、研学旅行、研究性学习、志愿服务等综合实践活动课程课例库，形成不同类型的综合实践活动教学模型，供教师研究和共享，解决"怎么教"的问题。要设计序列化的综合实践活动课程能力目标体系和配套表现标准、制定主题探究活动规范要求，解决"教到什么程度"的问题。

（三）拓展校内资源

校内资源主要包括软、硬件两方面：硬件为校内的图书馆、阅览室、实验室、专用教室、体育馆、信息中心、校园环境等显性的各种场所和设施；软件为校内人文管理制度、师生关系、班级组织、学生团体、校风校纪、文艺演出、社团活动、体育比赛、典礼仪式等隐性的管理、公共关系、活动资源。学校要"强硬件""补软件"，充分开发校内资源，并合理利用，开展好综合实践活动，引导学生在活动中学习、在实践中成长。

综合实践活动要进一步明确课程的意义、目标与要求，探索课程内容规划与开发途径，落实课程实施与评价的要求，配备好丰富课程资源，全面加强课程管理和课程实施机制建设，建立课程完善、资源丰富、模式多样、机制健全的综合实践活动课程体系。

第四节　开展综合实践活动的保障措施

综合实践活动作为国家必修课程，有严格的规范和要求，但在一些学校对课程功能认识不到位、重视不够，存在应付、挤占综合实践活动课时和资源配置不达标、专业教师缺乏等问题，在实施中存在重技法轻内涵、重应试轻素养、重少数轻全体、重比赛轻普及等现象，导致综合实践活动实效不够理想。这就要求学校要加强对综合实践活动的保障机制建设，不断提高综合实践活动的育人水平。

一、组织保障

学校要成立综合实践活动工作领导小组，明确实施机构和人员，建立健全教研组和备课组，选聘好教研组长、备课组长，统筹做好综合实践活动总体规划、组织好课程开发、指导好课程实施、协调好课程资源、做好课程评价等工作。要加强课程管理，提高校长的课程领导力，促进校长掌握综合实践活动的规划、设计、实施以及评价的技术。要完善教师考核激励制度，激励教师积极开展综合实践活动，形成专兼职相结合、相对稳定的专业化教师队伍。要加强课程实施过程的管理，保障综合实践活动课时，完善实践活动安全管控机制和综合素质评价。要加强综合实践活动基地和场所建设，提供配套硬件资源，及时补充所需耗材。要探索建立综合实践活动实施情况的定期监测、报告制度，组织有关专家开展专项调研，及时发现并改进存在的问题，全面了解和评估中小学综合实践活动的开展效果。

二、资源保障

学校要开发优质的综合实践活动资源，及时总结、梳理典型教学案例，建立"课程资源包"，通过交流与共享，促进优质校内外资源共建共享。要加大社会实践基地、青少年宫、校外活动中心等校外场所的建设和沟通协调力度，共同开发好综合实践活动学习任务单，确保综合实践活动课程有一个相对稳定的活动基地，提高综合实践活动的质量和水平。要分学段或类别开展中小学生综合实践活动成果交流展示活动，征集优秀的综合实践活动课程案例、论文、成果报告等，发挥典型成果的示范引领作用，充分激发学生实践创新的潜能。要鼓励综合实践活动课程专兼职教师和研究人员进行课程开发与研究，特别是开发优质网络教育资源，尝试运用表现性评价对综合实践活动中学生的能力发展进行质量监测，解决怎么评价的问题。

三、制度保障

作为必修课程，综合实践活动要能够像语文、数学等文化课那样常规实施，建立必要的政策和制度，形成良好的激励机制，走常态运行之路。要制定综合实践活动教师的编制、职称、工作量计算等相关标准和政策保障措施，确保综合实践活动教师享有和学科教师一样的地位和待遇，增强他们的职业认同感。要加强活动经费保障，明确中小学综合实践活动经费的投入标准，确保学生每学年能够有充足的经费参加综合实践活动。要完善安全保障措施，建立综合实践活动人身意外保险制度和矛盾纠纷化解机制，明确学校安全责任事故划分、安全责任范围，消除教师后顾之忧，引导教师敢于大胆地带领学生参加各种室外、校外综合实践活动。

四、师资保障

学校要常态化开展对综合实践活动专兼职教师的培训，明确培训目标，开发适合教师需求的培训课程，不断探索参与式培训、案例培训和项目研究等培训方式方法，不断激发教师内在的学习动力，努力提升教师的跨学科知识整合能力，观察、研究学生的能力，指导学生规划、设计与实施活动的能力和课程资源的开发利用能力等。要建立健全日常教研制度，积极开展考察指导、研讨交流、案例征集等多种形式的教研活动，及时分析、解决课程实施中遇到的问题，引领广大教师不断提高课程实施的能力和水平，促进课程常态、有效实施，提高中小学综合实践活动整体实施水平。

总之，综合实践活动作为课程改革的亮点，其内容的广泛性、资源开发和组织实施的艰巨性、现实与理想之间的不协调性，导致综合实践活动实施行动缓慢、步履维艰。需要学校落实主体责任，因地制宜地进行本土实施，促使综合实践活动的实施走向常规与规范。

第十三章　中小学加强体育健康教育新方法

　　无体育不教育。青少年身心健康、体魄强健是中华民族旺盛生命力的重要体现。加强学校体育健康工作，增强青少年体质健康水平，是落实立德树人的根本任务、促进青少年健康成长的基础性工作，对激发全社会活力、建设健康中国和人力资源强国、实现中华民族伟大复兴中国梦具有重要意义，对国家民族振兴起到重大作用。中小学要高度重视体育健康工作，牢固树立"健康第一"教育理念，深化体育健康教育教学改革，聚焦"教会、勤练、常赛"的教育方法，建立"健康知识＋基本运动技能＋专项运动技能"的教学模式，帮助学生掌握一至两项运动技能，促进中小学生运动能力、健康行为、体育品德等核心素养的形成，引导广大青少年积极参与体育健身运动，文明其精神，野蛮其体魄，砥砺其意志，凝聚和焕发其青春力量，为实现"健康中国""体育强国"做出贡献。

第一节　加强体育健康教育的重要意义

中小学开展体育健康教育能够帮助学生在体育运动中享受乐趣、增强体质、健全人格、锤炼意志。近年来，中小学体育健康工作得到空前加强，全国学生体质健康水平不断向好。但是，在体育健康教育上学校也面临着安全、师资、设施等很多现实问题，不敢放手开展活动，"重智、弱体"的问题仍然存在，体育健康课时被挤占、挪用的问题依然比较突出，青少年的近视率、肥胖率过高等问题仍然没有得到有效的遏制。中小学要深刻认识当前学校体育健康工作面临的严峻形势，充分认识学校体育与健康的综合育人功能，增加责任感和使命感，开齐开足体育课，引导学生回到激情和动感的体育运动中来，每天锻炼一小时，健康工作五十年，幸福生活一辈子。

一、体育健康教育具有重要的社会价值

少年强则国强，体育兴则国兴。体育健康具有"增智、健体、育心、尚美"的独特功能，在促进人的身体健康、心理健康、社会适应、道德发展上有不可替代的教育价值。当前，中国经济社会进入了高质量发展阶段，体育健康已经是人民群众对美好生活的重要需求。但不可否认，当前中小学生体质健康水平仍是学校素质教育的短板，"小胖墩""小眼镜"越来越多，学生身体耐力、爆发力等指标持续下降，这些问题严重影响学生的身心健康、影响学生未来

发展和中华民族伟大复兴中国梦的实现。中小学要站在中华民族后继有人的战略高度，把体育健康教育融入实现第二个百年奋斗目标大格局中去谋划，扎实开展体育健康教育，着力提升学生体质健康水平，为建设健康中国提供重要支撑，为中华民族伟大复兴提供凝心聚气的强大精神力量，努力塑造健康、阳光、积极、向上的新时代中国特色社会主义合格建设者和可靠接班人，培养堪当民族复兴大任的时代新人。

二、体育健康教育具有重要的教育功能

体育是一个让人积极向上、振奋民族精神的运动。体育运动本身是在追求一种奋斗、公平、竞争、卓越、尊重他人、超越自我、超越对手、超越纪录的价值。体育健康教学、竞赛、活动能使人的身体、精神和意志融为一体，可以渗透社会主义核心价值观教育，培养学生的爱国情怀、社会责任感和良好的个人品质；可以大力弘扬中华体育精神，弘扬体育道德风尚；可以强壮一国之民，提振民族之精气神；可以培养学生国际化意识、民主化意识、规则意识、合作意识、专注意识，强化国民之文化自觉；可以培养学生集体荣誉感，塑造活泼开朗、与人为善、团结协助、遵守规则等良好品格，促进学生身心健康与人格健全；可以培养学生不畏困难、不怕吃苦、不惧失败的坚强意志，吃苦耐劳、坚持不懈的优良品质和顽强拼搏、积极进取、勇敢坚毅的体育精神。这些育人价值都是其他学科课程无法替代的。

三、体育健康教育具有重要的美学意义

众所周知，爱美之心人皆有之。中小学生与生俱来就有对自己形态美、精神美、气质美的强烈追求，体育健康教育能够把体育与美育有机结合起来，在运动中提升学生美育修养。中华民族在几千年的体育发展历史中，一直注重将外在身体素质和内在心灵陶冶紧密结合起来，促使体育美育相互融合、相互渗透，形成具有民族特色的天人合一、修身养性、身心统一等文化品质和传统，现代体育健康教育要传承中华优秀的体育精神，不仅仅是追求体魄强健的外在美，更要追求在体育运动中让学生获得美的意识和心灵。特别是体育运动能够彰显健康之美、拼搏之美、合作之美、规则之美、遗憾之美、精神之美、张扬和霸气之美、悲壮之美、超出功利的艺术之美。比如，在运动场上，学生会为本班、本队获得胜利而欢呼雀跃，会为赛场丢掉一分而痛哭，会向那些在赛场上顽强拼搏的运动员致敬，这种生命的经历、感受、体验就是体育美学的一部分，这种教育虽然无法量化，但都会潜移默化地塑造学生心灵，完善学生人格，深刻地影响学生审美情趣乃至学生一生，有着其他教育方式无法替代的美学意义。

第二节　加强体育健康教育的实施途径

体育健康教育作为教育的重要组成部分，越来越受到学校的重视，中小学生的体质健康水平也持续向好，但距离国家要求还有一

定差距。中小学要进一步转变教育观念，大力弘扬中华体育精神，深化体育教学改革，注重开展体育锻炼和体育活动，努力培养体育兴趣和运动习惯，引导学生拥有强健体魄、坚强意志和拼搏精神，培养阳光健康、生机勃勃、奋发向上的积极心态。

一、大力弘扬体育精神

一个多世纪前，中华民族被蔑称为"东亚病夫"，严复痛彻中国人精神和身体的羸弱，提出"鼓民力、开民智、新民德"，把"民力"放在第一位。鲁迅将那些在比赛中虽然落后但仍不放弃的人称为"中国脊梁"，激励中国人努力前行。毛泽东在湖南长沙第一师范读书的时候，坚持风浴、雪浴、冷水浴，他在《体育之研究》一文中明确提出体育有"强筋骨""增知识""调感情""强意志"四大作用。马约翰先生曾经被毛泽东称为"新中国最健康的人"，他认为"体育是培养一个优秀公民的最有效、最适当、最有趣的手段"。新中国成立后，中国体育健康事业取得了历史性成就，增强了国民体质，提升了中华体育精神，一代代体育健儿在世界舞台上，展示了中华儿女坚定自信、团结协作、顽强拼搏的精神和崭新的国民形象，凝聚成实现中华民族伟大复兴的强大精神力量。中国女排不畏强手、敢打敢拼凝聚而成的女排精神，已被列入中国共产党人精神谱系，成为中华民族宝贵的精神财富。中华民族经历了太多的苦难，体育健康承载了中国人太多的梦想，中小学要下大力气改变"唯分数""唯考试"的倾向，不能把体育健康仅仅看作具体项目、活动、比赛，而要高度重视传承中华传统体育健康文化，弘扬中华体育健康精神，建设健康中国和体育强国。

二、提升体育教学能力

体育健康课程是国家课程，是开展体育健康教育的主渠道。首先，要保障课时。中小学要落实学校体育健康课程的刚性要求，严格按照国家课程方案和课程标准开齐开足上好体育课，严禁削减、挤占、挪用体育健康课时间，基本保障小学1—2年级每周4课时，3—6年级和初中每周3课时，高中每周至少2课时，鼓励有条件的学校每天开设一节体育课，每学期要保障4课时用于专门的健康教育，增加的课时从地方课程和校本课程中统筹安排。其次，要改进教学模式。改变单一学习知识或某项技术的现状，将"以教定学"观念转向"以学定教"，建立"健康知识＋基本运动技能＋专项运动技能"教学模式，在传统的教学行政班的基础上，积极探索"选项走班制""俱乐部制"等教学组织形式，有效促进体育教学改革目标的达成。再次，要丰富课程内容。改变体育健康课程的项目繁多、学习肤浅、碎片化、脱节化的弊端，指导学生掌握健康行为与生活方式、生长发育与青春期保健、传染病预防与公共卫生事件应对、安全应急与避险等方面的健康知识，掌握跑、跳、投以及平衡性、灵活性、柔韧性等基本运动技能和身体运动机能，掌握至少一至两项足球、篮球、排球、田径、游泳、体操、武术、冰雪运动等专项运动技能，养成体育锻炼习惯。最后，要提升课程质量。聚焦"教会、勤练、常赛"。"教会"就是要让学生能够在日常生活或比赛场景中灵活自如地运用；"勤练"就是要加大练习密度和运动强度，提高学生的运动效果；"常赛"就是要合理组织每堂课上的教学比赛，组建班队、年级队和体育社团，周周、月月打比赛，以赛促练。

三、丰富体育锻炼形式

体育锻炼是学校体育健康工作的基础，是培养体育精神、养成体育习惯、掌握体育技能的重要载体。学校除保障学生每天校内一个小时体育活动以外，要确保每天校外一小时体育活动，促进学生养成终身锻炼的习惯。首先，开展好大课间锻炼。每天至少要统一安排一个三十分钟的大课间，科学合理安排大课间活动内容，做好课间操、眼保健操，确保适宜的运动负荷，达到锻炼身心的目的。鼓励学生在课间十分钟走到室外活动，放松身心、缓解疲劳。其次，要开展课外体育活动。学校要根据不同年龄、性别、器材、课型、场地、气候等因素，科学安排课外体育锻炼内容和强度。对于因场地等客观因素，不能保证每名学生到操场参加体育活动的，要充分利用室内、走廊等适宜空间，通过体育游戏、室内操等方式，确保所有学生都"动起来"。再次，要指导好校外体育锻炼。家庭要营造良好的家庭体育运动氛围，积极引导孩子进行户外活动或体育锻炼。学校通过布置体育家庭作业，促进学生在家实践和节假日参加体育锻炼、校外体育竞赛和社区青少年体育服务等活动。最后，要完善校内竞赛体系。学校要举办面向人人的班级赛、年级赛、校园体育节、全员运动会、趣味运动会等形式多样、丰富多彩的体育竞赛活动，吸引学生积极参加，形成融校内竞赛、校际联赛、选拔性竞赛为一体的中小学竞赛体系，形成"班班参与、级级组织、学校推动、层层选拔"的竞赛格局，以赛促教、以赛促训，为每名学生"赛起来"搭建平台。

第三节 加强体育健康教育的保障措施

长期以来，中小学体育健康教育中应试倾向严重，出现"考什么教什么"的现象，有些学校出现体育健康师资力量、设施设备严重不足等问题，影响了学校体育健康工作开展。中小学要发挥体育健康评价的导向作用，强化体育健康师资队伍建设，完善体育健康场地设施设备配置和补充机制，引领全员、全过程、全方位参与体育健康工作，让体育锻炼成为孩子健康生活理念养成和健康体魄形成的"助推器"，而不是"选拔项"。

一、改进体育健康教育评价

当前，体育健康考试已经纳入各地的中考学科，体育教育得到空前加强。但也暴露出过程性考核导向性弱、体育考试内容供给类型不足、学生自主选择空间小等突出问题，一定程度影响体育教育效果。中小学要积极推进体育健康考试改革，科学设置考试（考核）内容、方式和计分办法，发挥体育考试的导向作用。首先，完善评价内容。建立"知识、能力、行为、健康"综合评价指标体系，注重对学生语言表达（是否能说出）、动作表现（是否能做对）、能力体现（是否能会用）等的多方面检验，改进知识评价，突出能力评价，完善行为评价，强化健康评价。其次，完善评价机制。要建立日常参与、体质监测、运动过程中的健康监测和专项运动技能测试相结合的考查机制，将达到国家学生体质健康标准要求作为教育教学考核的重要内容。中小学校要客观记录学生的日常体育参与情况和体质健康监测结果，完善学生体质健康档案，将身心健康情况纳入学生综合素质评价。最后，要推进体育考试改革。改进中考体育测试内容、方式和计分办法，科学确定并逐步提高分值，积极推进高校在招生测试中增设体育项目，加强学生综合素质评价档案使用，将学生综合素质评价结果作为招生录取的重要参考。

二、加强体育健康教育师资

体育健康教育专业性较强，对师资教学能力要求高。但因体育健康课长期没有纳入考试科目，各学校的师资配置无论是数量还是质量都难以满足新时代体育健康课的要求，一定程度上影响了体育健康课的开展。中小学要按国家标准和学校实际需求配足配强体育健康专业教师队伍，满足学校体育健康教学工作需要。要加强体教融合，设立专兼职教练员岗位，建立聘用优秀退役运动员为体育健康教师或教练员制度，补充专项体育健康教学与训练所需的师资，保障竞赛训练工作有序开展。要完善体育健康教师绩效工资和考核评价机制，将体育健康教师课余指导学生勤练和常赛，以及承担学校安排的组织大课间、课后带队训练、课外活动、课后服务、指导参赛、体质监测任务计入工作量并根据学生体质健康状况和竞赛成绩，在绩效工资分配时给予倾斜。要完善体育健康教师职称评聘标准，确保体育教师在职务职称晋升、教学科研成果评定等方面，与其他学科教师享受同等待遇。要提升体育教师专业素养，加强体育健康课教师培训和校本研修，通过加强基础性与专项化相结合的培训，逐步提高全体体育教师的专业化水平和教育教学能力。

三、改善体育健康教育条件

体育健康课不同于学科类课程，不能在教室里"坐而论道"，需要配置专业器材、专门场馆，"讲、练、赛"等方式相结合，方能达到教育效果。当前很多学校受经费、场地、天气等客观原因限制，无法保障体育健康课高质量、高水平、全天候开设，影响体育健康教育效果。中小学要设立体育健康专项经费，加大体育健康设施设备投入力度，按照国家规定标准，配齐配好体育健康教学所需的功能教室和器材设备，并同步建立起体育健康器材补充机制。有条件的学校在保障基本的体育健康教学工作开展的基础上，修建室内体育场馆或风雨球场，满足不同天气条件下体育健康活动开展。要建立资源共享机制，和有条件的兄弟学校、体育运动学校、大学及社会公共体育健康资源建立联系，共享已有的体育健康设施。要建立安全风险管控机制，强化体育健康课的安全教育和安全防护，完善大型体育活动的安全预案，建立运动意外伤害保险制度和安全事故第三方调解机制，破解不敢放手开展体育活动的现状。

总之，无论是国家的崛起还是教育的变革，都不会是一片坦途，但开展体育运动、培养健康学生永不会过时，这是教育工作者对学生、对国家、对民族、对未来神圣的责任。学校要对标各项政策要求，大力弘扬体育精神，引导学生敢拼搏、守规则、讲合作、有毅力，锻造坚强体魄与坚韧意志，正确对待成功与挫折，促进身心健康，为推动教育强国、健康中国和体育强国建设做出新贡献。

第十四章　中小学实施美育教育新方法

美育是纯洁道德、丰富精神的重要源泉，没有美的滋养的人生必然是单调的、干涸的人生。实施美育教育是贯彻党的教育方针的根本要求，具有立德树人、培根铸魂的重要教育功能。中小学应充分认识学校美育的重要性、紧迫性，牢牢把握学校美育发展的正确方向，找准学校美育工作突破口和落脚点，明确新时代学校美育"为何做""做什么""怎么做"，积极探索"构建美育课程体系，加强美育课堂教学，开展美育实践活动，营造校园美育环境"的美育教育的新途径，形成课程教学、社会实践和校园文化建设"三位一体"的协同育人新格局，以美立校、以美育人，在培育美好心灵中促进学生健康幸福成长。

第一节　实施美育教育的重要意义

人的一生离不开美的滋养，学生的精神世界需要童话、歌谣和大自然的云彩、花朵、鸟叫、虫鸣，学生的心灵需要有动人的音符和丰富的颜色，如果青少年没有艺术爱好和艺术修养，就不可能全面发展。中小学要加强和改进美育教育，坚持以美育人，提高学生审美情趣、艺术修养和人文素养。

一、实施美育教育是贯彻教育方针的要求

党的教育方针已经被写进 2021 年新修订的《教育法》中，其第五条明确规定，教育要"培养德智体美劳全面发展的社会主义建设者和接班人"，这就确立了美育的法定地位，规定了学校美育的育人导向，为学校美育工作提供了根本遵循。但总体上看，当前学校美育教育仍然是学校教育工作中的薄弱环节，一些学校对美育功能认识不到位、重视不够，存在应付、挤占、不上美育课和资源配置不达标、美育教师缺乏等问题，在美育教育中还存在重技法轻内涵、重应试轻素养、重少数轻全体、重比赛轻普及等现象，美育实效不够理想。中小学要贯彻党的教育方针，落实立德树人根本任务，就要进一步增强对美育功能的思想认识，扎根时代生活，遵循美育特点，弘扬中华美育精神，引领学生身心健康成长。要将培育和践行社会主义核心价值观、弘扬中华优秀传统文化、继承革命文化、发展社会主义先进文化，融入课堂教学、课外活动、校园文化建设和教育教学全过程，在日常的办学治校、教书育人过程中落实落细落小，引领学生树立正确的审美情趣、陶冶高尚的道德情操、塑造美好的心灵，不断增强文化自信。

二、实施美育教育是学生成长规律的要求

中小学生正处于人生"拔节孕穗期",世界观、人生观、价值观正在形成,最需精心引导和栽培。但总体来看,学校美育教育成为学校教育的明显短板,在应试教育的错误价值追求驱动下,重智育轻美育现象普遍存在,"考什么教什么"的教学方式屡见不鲜,导致一些学生缺乏审美素质,盲目追星,"饭圈"文化盛行,把低俗当成通俗、用欲望代替希望、把单纯感官娱乐等于精神快乐,是非不分、善恶不辨、以丑为美,甚至一些学生价值观、审美观是畸形的、扭曲的,呈现病态化、极端化发展……长此以往,污染的是整个社会风气,败坏的是整个社会肌体和民族精神,毁掉的将是一代人,亟须引起学校高度重视。中小学要加强和改进美育教育,构建以审美和人文素养培养为核心、以创新能力培育为重点的美育教育体系,通过美育促进德育、智育,进而塑造美好心灵、滋养幸福人生、涵养精神世界,促进青少年身心健康成长、全面发展,在潜移默化中展现中国"文化自信"的作用。

三、实施美育教育是提升教育质量的要求

中国基础教育已经进入到高质量发展阶段,要求中小学要上好每一堂课,教好每一个学生,满足学生全面而有个性的发展需求。当前,一些学校仍然存在"唯分数""唯升学率"的错误价值追求,导致学生美育素养较低,不能适应教育高质量发展的要求,不能满足推进教育现代化、建设教育强国和实现中华民族伟大复兴所需高

质量人才的需求。美育课程是国家课程，中小学要发挥美育教育在丰富想象力、培养创新意识、激发创新创造活力上所具有独特而不可替代的优势与作用，开足开齐开好美育课程，开发利用当地民族民间美育资源，不断丰富美育课程内容，积极深化美育教学改革，努力改进美育教育效果，使学生不断提升健康审美情趣、陶冶高尚道德情操、培育深厚民族情感、温润积极健康心灵。

进入新时代，中小学应从更高站位出发，提升美育教育的思想自觉、政治自觉、行动自觉，大力弘扬中华美育精神，引领学生树立正确的文化观，增强文化自信，陶冶高尚情操，塑造美好心灵。

第二节 实施美育教育的途径

中小学美育教育要在构建美育课程体系、提升美育课堂教学效果、丰富美育课外活动等方面下功夫，形成课程、教学、活动等三个方面相互促进、形成合力的实施机制，发挥良好的综合育人功效。

一、构建美育课程体系

美育课程体系既包含国家课程规定的美术、音乐等课程，也包含学校开设的戏剧、舞蹈、器乐、传媒等地方课程和校本课程。中小学要按照国家课程标准和课程方案规定，不断完善美育课程结构、课程目标、课程内容、课程评价等课程要素，构建科学、有效的美育课程体系。要严格落实国家美育课程的刚性要求，开齐开足美育课程，确保义务教育阶段音乐、美术课程总量要占达到9%的课时数，高中教育阶段开设六个学分的艺术类必修课程。要结合本校特色、区域实际情况，强化国家美育课程的二度开发，积极推进国家美育课程校本化实施，开发以传承中国传统文化艺术为重点的舞蹈、戏剧、戏曲、篆刻、剪纸和影视与数字媒体艺术等选修课程，构建以审美和人文素养为核心、以国家课程为主体的多元化、特色化、高水平的学校美育特色课程体系。需要指出的是，长期以来，学校美育教育侧重于人文、艺术领域，而忽视自然科学领域，甚至有人把这两个领域对立起来。事实上，在学校各学科的美育层次上，科学和艺术一样，都有自己的美学特征，都能起到陶冶情操、完善思维品质的作用。

二、提升美育教育效果

美术、音乐、书法等美育教育课程和其他学科课程都蕴含着丰厚的美育教育资源。中小学要在日常教育教学中，深度挖掘各课程中的美育教育内容，凸显美育学科价值与特点，注重正确价值观、必备品格和关键能力等多维育人目标的整合，不断提高美育课程教学质量。要不断构建新的教学模式，逐步建立"艺术基础知识基本技能＋艺术审美体验＋艺术专项特长"的教学模式，引导学生在掌握必要基础知识和基本技能的基础上，着力提升核心素养，形成艺术专项特长，帮助每位学生学会一两项艺术技能。要加强美育与德育、智育、体育、劳动教育相融合，充分挖掘各学科所蕴含的体现中华美育精神与民族审美特质的心灵美、礼乐美、语言美、行为美、科学美、秩序美、健康美、勤劳美、艺术美等丰富的美育教学资源，精选能体现国家和民族基本价值观和中外融通、格调高雅的凸显中华美育精神教学素材，不断丰富美育课程内容。要注重增强文化理解教育，引导学生了解现代艺术和世界艺术，汲取人类优秀文明成果。要善于发掘科学学科中包含的科学发现中美的感悟、真理探索中美的愉悦、科学思维中美的方法、科学家奋斗中美的追求等美学因素，引导学生进入科学美的乐园，在探索科学、追求真理、寻找规律中感受情理之中意料之外的"惊讶美"、山重水复柳暗花明中的"机智美"、解决生活实际问题时的"实用美"、科学发明时的"创造美"，学会感知、欣赏数学、物理、化学、生物、地理等学科的科学之美。

三、开展美育教育活动

美育教育活动是美育教育重要的渠道和载体。中小学要搭建阅读节、艺术节、文化节、戏剧节等艺术展演平台，积极组织全体学生参加书法、绘画、舞蹈、戏曲、影视、朗诵、合唱、合奏、集体舞、歌舞剧、课本剧等校园美育活动，展示美育成果，构建面向人人、常态化的学生美育教育机制。要建立富有自身特色的合唱团、管乐团、民乐团、武术、健美操、舞蹈、戏剧、曲艺、茶艺、书法、手工、剪纸、篆刻等丰富多彩的学生艺术团队，挖掘学生艺术潜能，满足个性化成长需求，丰富校园文化生活，提高学生综合素质，塑造美的品格。要积极传承中华优秀传统文化，围绕当地优秀的民间音乐、美术、舞蹈、戏剧、戏曲、曲艺、传统手工技艺和民族传统体育等传统文化项目，通过建立中华优秀传统文化展示传习所、非遗传承人校园工作室等方式，开展教育普及、保护传承、创新发展、传播交流等教育活动，切实将中华优秀传统文化融入学校美育全过程。

总之，中小学要因地制宜、因校制宜，建立健全美育教育的常态机制，真正将美育教育融入学校教育教学全过程，用美浸润学生心田，用美陶冶学生情操，以美升华学生情感，形成学校美育"一校一品""一校多品"的生动局面。

第三节　实施美育教育的保障措施

学校在美育教育中要结合学科特点，整合各种美育教育资源，引导学生勇于进行美育实践，通过展示隐含美、挖掘学科美、创造科学美、应用实践美等途径，提高学生的审美能力，陶冶学生的情操，激发学生的学习兴趣，培养学生的创造思维能力，激发学生的高尚精神追求。

一、营造美育教育环境

健康、高尚、向上的校园文化，能够强化学校美育的育人价值与功能，能够吸引人、感染人、打动人。在校园美育环境建设上，要围绕学校办学理念，突出育人功能，通过精心设计学校文化长廊、校园雕塑、园林小品、学校广场等校园环境，深入挖掘美的因素、创造美的环境、营造美的气息，让校园的一草一木、一砖一瓦都来说话，潜移默化中提升学生的审美意识、陶冶学生的情操。在校园美育精神建设上，要围绕社会主义核心价值观，通过教育引导、舆论宣传、文化熏陶、实践养成、制度保障等途径，旗帜鲜明表明肯定和赞扬什么、反对和否定什么，分清善恶，辨清美丑，使社会主义核心价值观内化为师生的精神追求，外化为师生的自觉行动。在校园美育氛围建设上，要发挥中华民族在长期发展历史中形成的诗歌、书画、戏曲、影视、舞蹈、音乐等优秀的文学艺术作品和经典传世之作的教育熏陶作用，引领学生从优秀的经典作品中品味中国人的事业和生活、顺境和逆境、梦想和期望、爱和恨等思想情感，高扬主旋律、弘扬正能量，歌颂光明、抒发理想。要善于从英雄模范、大国工匠和作家、大师的人物事迹中学习坚定的理想信念，感受高尚的人格魅力，体会深切的人性光辉，彰显崇高的精神境界。要传承和弘扬千百年来中华美学精神和中国人文精神的标识，从中发现理想之美、奋斗之美、爱国之美，引导学生增强对真的向往、对善的呼唤、对美的渴望，传递向上、向善、向美的力量。

二、开展美育教育实践

生活并不缺少美，缺少的是一双发现美的眼睛。美育教育要坚持"从生活中来，到生活中去"的原则，从生活实际中凝练美学要素，用所学美学知识去创造美的生活，这样的美育教育才有实际意义。学校要遵循美育教育的规律和特点，整合共享高校、博物馆、美术馆、艺术馆、大剧院、剧团、乐团、艺术院校等校外专业机构的美育教育资源，建立学校美育教育实践基地，组织学生走出校园欣赏高雅音乐、参观艺术展览、开展写生等活动，不断丰富学生美育教育实践渠道。要组织高雅艺术进校园，建立艺术实践工作坊、非遗传承人讲习所，组织学生在校内开展体验式、情境式美育实践活动，不断扩大优质美育资源覆盖面。要积极引进专业艺术机构等社会力量参与学校美育工作，可以通过购买服务等方式，鼓励符合条件的专业艺术人才到中小学校兼职任教，形成艺教结合工作机制。要积极动员家长参与学校美育教育，深度挖掘家长中美育教育资源，聘请有美育教育专长的家长走进校园，开设美育教育课程，形成家校协同育人的美育教育新格局。

三、保障美育教育条件

教师是美育教育的重要资源。要在教师招聘中坚持"有缺必补"，按照国家课程要求配齐配好美育教师，进一步激发学校美育教师的内生动力。要不断拓展美育教师来源，探索招聘非师范类专业院校具有艺术教育相关专业任教资格的毕业生担任美育教师的新路径。要加强美育教师培训，定期开展教研活动，组织美育教师基本功大赛，不断提升美育教师专业能力，建设满足发展需要的高素质、专业化、创新型美育教师队伍。要投入专项建设经费，按照国家标准，建设美育专用教室等场馆设施，配置美育专业器材、设备，完善耗材补充机制，保证美育教育顺利开展。要提高美育教育人均活动经费，完善课后服务机制，组织高雅艺术进校园活动，引领学生走进艺术、感受经典、陶冶情操、提升境界。要不断改进美育评价机制，把中小学生学习音乐、美术、书法等艺术类课程以及参与学校组织的艺术实践活动情况纳入综合素质评价，建立学生、学校、教育部门"多元立体"的美育评价机制。要逐步实施中小学生艺术素质测评，有效地发挥评价对于学校美育工作的引领和推动作用。

新时代，我们要认真贯彻党的教育方针，从中华五千年灿烂的文明中汲取美的营养，从广袤的中国大地上去寻找美的力量，从勤劳勇敢的 14 亿多中国人的奋斗中发掘美的榜样，把美育纳入学校人才培养全过程，贯穿学校教育各学段，以美育人、以美化人，培养德智体美劳全面发展的社会主义建设者和接班人。

第十五章　中小学强化劳动教育新方法

近年来，党和国家围绕"为谁培养人""培养什么人""怎样培养人"的教育根本问题，不断深化对教育规律和学生成长规律的认识，在总结历史经验的基础上，把劳动教育写进了党的教育方针，修订了《教育法》，使之成为国家意志和法律要求。这既是对国民教育体系的进一步完善，也是对新时代国家发展与个体发展所面临的新问题的主动回应，更是新时代党对劳动教育的根本要求，指引着中小学高质量发展的走向。中小学要贯彻落实党的教育方针，增强抓好新时代劳动教育的紧迫感、责任感，立足国家和民族的未来，坚决纠正"重智育、轻德育、弱体育、缺美育、少劳育"的应试导向，下大力气解决好劳动教育"为什么教、教什么、怎么教、谁来教、在哪教、不愿教、不会教、不敢教"等关键环节，不断完善工作机制，大力拓展资源渠道，积极创新方式方法，构建完整有效的劳动教育体系，不断提高劳动教育的针对性、实效性。

第一节　强化劳动教育的重要意义

劳动教育是新时代党和国家对教育的新要求，是中国特色社会主义教育制度的重要内容。加强劳动教育，关系到亿万青少年的全面发展、健康成长，关系到国民综合素质的提升，关系到党和国家事业的兴旺发达，对培育和践行社会主义核心价值观，传承和弘扬中华民族优良传统，培养担当民族复兴大任的时代新人，具有重大意义。

一、劳动教育是落实教育方针的要求

劳动本身就是创造美好生活的重要手段，是非常重要的日常实践。2021年4月，十三届全国人大审议修订了《教育法》，其第五条明确规定"教育必须为社会主义现代化建设服务、为人民服务，必须与生产劳动和社会实践相结合，培养德智体美劳全面发展的社会主义建设者和接班人"。显然，劳动教育不仅是教育发展理念的回归，更是成为国家法律规范，必将促进基础教育领域的深刻变革。当前，一些中小学生不但"四体不勤"，也"五谷不分"，出现了不珍惜劳动成果、不想劳动、不会劳动的现象。中小学必须遵循法定要求，坚持马克思主义劳动观，扭转"唯分数""唯升学率"的教育价值导向，把劳动教育纳入培养社会主义建设者和接班人的总体要求之中，构建德智体美劳全面培养的教育体系，在学生中弘扬劳动精神，教育引导学生崇尚劳动、尊重劳动，懂得劳动最光荣、劳动最崇高、劳动最伟大、劳动最美丽的道理，长大后能够辛勤劳动、诚实劳动、创造性劳动。

二、劳动教育是落实全面育人的要求

劳动教育对落实立德树人根本任务具有重要意义。近年来，中国基础教育劳动教育取得了较大成绩，但同时必须清醒地认识到，随着经济、社会发展和思想文化的变化，在很多中小学劳动教育被淡化、弱化，主要表现在：一是学校劳动教育削弱。一些学校单纯注重升学率，片面追求考试成绩，劳动与技术课程经常被挤占挪用，师资、场地、经费缺乏保障，导致劳动教育"说起来重要、做起来次要、忙起来不要"。二是家庭劳动教育缺失。一些家长对孩子过分溺爱，舍不得让孩子适当参加劳动，导致孩子在思想上忽视劳动、在内心里抵触劳动、在能力上不胜任劳动。三是社会劳动教育缺位。社会劳动资源不足，导致学生劳动机会减少，再加上社会有一些投机取巧、鄙视体力劳动等不良思想的宣扬，劳动的意义不断受到消解、冲蚀。中小学要把劳动教育贯穿学校教育教学工作的方方面面，与德育、智育、体育、美育相融合，教育和引导让学生牢固确立正确的劳动价值观，旗帜鲜明地反对一切不劳而获、贪图享乐、崇尚暴富的错误思想，让中华民族勤俭、奋斗、创造、奉献的劳动精神在一代又一代青年学生身上发扬光大。

三、劳动教育是学生健康成长的要求

劳动教育对于促进学生身心发展具有不可替代的作用。劳动可以树德、可以增智、可以强体、可以育美，在赋能学生成长、促进学生全面发展、健康成长上具有其他教育无法替代的综合育人价值。长期以来，中小学对劳动教育存在认识的偏差，出现重智育轻劳动教育的顽瘴痼疾，导致一些学生不爱劳动、不会劳动、轻视劳动和不珍惜劳动成果，一定程度上影响了学生的身心健康和劳动教育的健康发展。中小学要站在为党育人、为国育才的高度，加强劳动教育师资队伍建设，完善劳动教育基地和设施建设，不断丰富劳动教育的内容，积极拓展劳动教育途径和方法，教育引导学生走出校园、走向社会、回归生活、亲近自然、了解社会，让学生在动手实践、出力流汗中接受锻炼、磨炼意志，从小树立劳动观念，增强劳动精神，培养劳动习惯，增进与劳动人民的情感，树立起正确的劳动价值观。

第二节　强化劳动教育的主要目标

劳动教育是国民教育体系的重要内容，是学生成长的必要途径。如果说德育体现"善"的要求，智育体现"真"的要求，体育体现"健"的要求，美育体现"美"的要求，而劳动教育则体现"做"的要求。劳动教育的主要目标就是通过有目的、有计划地组织学生参加日常生活劳动、生产劳动和服务性劳动，让学生切实经历动手实践、出力流汗，接受劳动锻炼，磨炼坚强意志，提升创新能力，增进核心素养。

一、增强学生劳动精神

劳动最光荣。当前，中小学劳动教育的地位和条件同德智体美劳"五育"并举的教育方针、全面提高育人质量的要求还不完全适应，同促进学生身心和谐成长、全面而有个性地发展的期望还不完全适应。过去劳动教育主要被纳入德育和智育的范畴，其中，劳动思想教育主要融入德育范畴，劳动技能培育主要融入智育范畴，至于劳动实践训练，更是可有可无，使得劳动教育失去了与其他"四育"并举的独立地位，导致劳动教育在国民教育体系中被弱化、淡化、边缘化，出现重"技"轻"劳"的问题，甚至走向形式化、娱乐化。这些问题已经影响到全面育人目标的实现，进而影响到教育事业的发展。要在思想认识层面，突出劳动教育的思想性，强调理解和形成马克思主义劳动观，牢固树立劳动最光荣、劳动最崇高、劳动最伟大、劳动最美丽的观念；在情感态度层面，体会劳动创造美好生活，体认劳动不分贵贱，养成热爱劳动、珍惜劳动成果、尊重劳动人民的情感；在道德品质层面，认识到勤劳、节俭、艰苦奋斗等精神自古就是中华民族传统美德，努力培养刚毅、坚强、朴实、勤俭、吃苦耐劳等可贵的精神与品质，传承和弘扬勤俭、奋斗、创新、奉献的劳动精神。

二、培养学生劳动习惯

劳动创造幸福生活和美好未来，劳动习惯需要从小培养。今天的中小学生绝大多数是在不愁吃穿的环境中长大的，缺乏吃苦耐劳精神，更缺乏劳动的习惯。中小学劳动教育要突出重点，把教育与生产劳动、生活劳动、公益劳动结合起来，不仅要有"质"的要求，还要有"量"的规定，不能泛化，不能停留在一般号召上，更不能在课上"听"劳动、在课外"看"劳动、在网上"玩"劳动。学校要指导学生从整理房间、打扫卫生、学做家务等日常生活劳动开始，帮助学生掌握简单的劳动方法和技能，在实实在在的劳动中，体会劳动的愉悦、享受劳动的幸福、感悟劳动的神圣，形成自己事情自己做的良好的劳动习惯。学校要创造条件，组织学生参加体力劳动，通过劳动节、劳动周，带领学生走进工厂、企业、农村、社会参加生产劳动，了解农作物生长和粮食生产的整个过程，体验工业产品设计、生产、销售的整个流程，让学生在动手操作中学习劳动技能，在出力流汗中接受锻炼、磨炼意志、增强责任，从小养成尊重劳动、热爱劳动、崇尚劳动的好习惯。

三、提升学生劳动能力

劳动创造了历史、创造了人本身、创造了工具、创造了生活、创造了世界、创造了价值，停止了劳动，也就停止了创造。劳动不止，创造不止。当前，由于学校和家长对学生的过度保护和溺爱，很多学生过着"衣来伸手，饭来张口"的生活，造成学生劳动能力缺失。中小学劳动教育要立足于培养学生生存发展需要的基本劳动能力，引导家长支持学生在校从事打扫卫生等力所能及的劳动，指导家长为学生从事日常家务劳动提供条件，在家庭理财、整理房间、打扫卫生、学习做饭中掌握一至两项基本的生活技能。要组织学生走出校园、走出教室，在家长和老师的带领下参加农业种植养殖劳动、工业生产劳动和公益性社会劳动，了解、体验劳动生产的整个过程，引导学生利用所学知识和现有技能、工具、设备等为他人和社会提供服务，促使学生了解劳动过程，发展动手能力、设计能力以及应用所学知识解决问题的能力，让学生在劳动的过程中感受到劳动的快乐，有目的、有计划地培养学生劳动能力，增长劳动本领。

第三节　强化劳动教育的实施途径

劳动教育作为学校教育的重要组成部分，有自己特殊的教育目标、教育内容、专门的载体和实施办法。事实证明，如果只是关起门来读书，不参加劳动、不接触社会实践，就很难培养学生的劳动意识和对劳动人民的感情，也不利于学生学好各门功课。中小学校要发挥教育主阵地作用，整体优化劳动课程设置，构建劳动教育课程体系，承担起劳动教育的重要责任。

一、完善劳动课程设置

劳动教育是必修课程。中小学要按照国家规定开足开好课程，确保劳动教育课每周不少于一课时，也可以集中设立劳动周和通过家庭安排必要的劳动时间。要遵循教育教学规律和人才培养规律，面向全体学生，贯通中小学各学段，根据学生年龄特点，围绕树立正确的劳动观念、培育积极的劳动精神、培养必备的劳动能力、养成良好的劳动习惯和品质的教育重点，有序安排各学段劳动教育内容，形成各学段依次递进、贯通一致的劳动教育内容。如小学低年级段要注重围绕劳动意识的启蒙，小学高年级段要注重劳动习惯养成，初中要注重增加劳动知识、技能，普通高中要注重丰富职业体验等。其他课程、活动也要结合学科特点、活动特征，有机融入劳动教育内容，确保劳动教育全方位融入。例如，中小学道德与法治（思想政治）、语文、历史、艺术等学科，要有重点地纳入劳动创造人本身、劳动创造历史、劳动创造世界、劳动不分贵贱等马克思主义劳动观；纳入歌颂劳模、歌颂普通劳动者的篇目；纳入阐释勤劳、节俭、艰苦奋斗等中华民族传统美德的内容；加强对学生辛勤劳动、诚实劳动、合法劳动等方面的教育。数学、科学、地理、技术、体育等学科，要注重培养学生劳动的科学态度、规范意识、效率观念和创新精神。通过专门设课与有机融入相结合，有效实现全覆盖，形成具有综合性、实践性、开放性、针对性的劳动教育课程体系。

二、优化劳动教育方法

劳动教育具有鲜明的社会性，要求面对真实的生活世界和职业世界，以动手实践为主要方式，学会改造世界，在改造世界的过程中塑造自己，提高自身素养，创造美好生活。依据马克思主义劳动观，劳动教育可以分为生产劳动教育和非生产劳动教育。考虑到劳动教育内容的针对性和可行性，非生产劳动教育可以分为日常生活劳动教育和服务性劳动教育。中小学要根据学生年龄特点和接受能力，科学设置劳动教育内容，有目的、有计划地组织学生学习系统的劳动知识。要组织学生经常性参加日常生活劳动、生产劳动和服务性劳动，在动手实践中出力流汗，培养良好的社会公德，强化社会责任，磨炼坚强意志。要加强家校协同，指导家长给学生参加日常生活劳动机会，注重在学生个人生活自理中强化劳动自立意识，体验持家之道，这也是学生健康发展、适应社会生活的重要基础。要整合资源，创造条件，注重利用农村、企业、工厂、公益场所和专业劳动教育基地，组织学生开展学农、学工等体验劳动，为他人和社会提供服务，开展具有较强的时代特点的生产劳动和服务性劳动。三类劳动教育内容不同，各学段可以有所侧重，但从总体上看，三者都很重要，不能偏废。

三、拓展劳动教育途径

劳动教育涉及社会方方面面，需要动员校内外力量，凝聚家校合力，共同为劳动教育创造条件。要组织校外劳动，学校要采取适应学校实际环境和地域条件的有效措施，整合和利用好周边的工厂、农村、企业、农场、社会福利机构、青少年宫、劳动教育基（营）地等校外社会资源，开发好劳动教育课程，组织学生走到工厂车间、生产流水线和田间地头，开展适宜学生参加的工业劳动、农业劳动、公益性劳动、志愿服务等形式多样的劳动活动，为学校开展劳动教育搭建多样化实践平台。要利用好植树节、学雷锋纪念日、五一劳动节、农民丰收节、志愿者日等节庆日，开展演讲、辩论和社会调查、研究性学习等丰富多彩的劳动主题活动，培育崇尚劳动的校风、教风和学风。要加强家务劳动教育，引导家长有意识地安排学生从事力所能及的家务劳动，培养学生自己事情自己做、家里事情帮着做的好习惯。要开展校内劳动，有条件的学校要利用学校校园、屋顶、边角地块和食堂等地方，建设劳动教育基地，组织学生参加卫生保洁值日，校园种植养殖、绿化美化，手工制作等劳动教育活动，让学生体认到劳动改变生活、创造美好的伟大意义。

第四节　强化劳动教育的保障措施

劳动教育是"教育"，而不是简单的"劳动"；劳动教育是"一育"，而不是"一课"，需要调动各方面积极性，齐抓共管，协同实施劳动教育。中小学要解决好劳动教育"谁来教"的师资问题，"在哪教"的场地问题，"不愿教"的考核评价和经费投入机制问题，"不敢教"的安全保障问题，为开展劳动教育保驾护航。

一、完善劳动教育评价体系

评价具有导向、激励等作用，也是劳动教育健康开展的一个重要的环节。长期以来，劳动教育没有被提到应有的高度，甚至没有纳入学校教育体系内，加上劳动教育不同于学科教学，无法通过考试进行评价，导致很多学校对劳动教育评价存在空白，不知道从何入手，影响了教师从事劳动教育的积极性和学生参加劳动教育的内在动力。学校要建立健全劳动教育评价机制，把学生劳动教育是否参与、对劳动的认识是否加深、对劳动人民的感情是否增进和劳动素养是否提升作为评价重点，并纳入学生综合素质评价体系之中。要把评价结果作为评优、评先的重要参考和衡量学生全面发展情况的重要内容，使劳动教育评价"硬起来"，激发青少年学生参加劳动的内生动力，教育引导他们学会劳动、学会勤俭、学会感恩、学会助人，立志成长为德智体美劳全面发展的社会主义建设者和接班人。

二、构建劳动教育协同机制

当前，社会上还存在着轻视劳动，特别是看不起普通劳动者的不良倾向，学校、社会、家庭都要旗帜鲜明地反对一切不劳而获、贪图享乐、崇尚暴富的错误观念，大力弘扬劳动最光荣的思想，营造良好的劳动教育氛围。学校要承担实施劳动教育的主体责任，要开齐开足劳动教育课程，规划好劳动教育课程内容，科学设计课内外劳动项目，统筹安排课内外劳动实践时间，组织实施好劳动周。要发挥学校教育研究的专业优势，加强对劳动教育的研究，强化劳动观念、劳动技能和劳动品质的系统培育，提高教育效果。家长是孩子的第一任老师，家庭是实施劳动教育的重要场所，要引导家长树立崇尚劳动的良好家风，让孩子养成从小爱劳动的习惯，鼓励孩子参与日常生活劳动和社会劳动，每年掌握一至两项劳动技能。要大力宣传劳动模范、大国工匠精神，引导学生从小崇敬劳动者，树立正确的劳动价值观。

三、强化劳动教育条件保障

劳动教育最重要的保障条件是师资队伍。中小学要开展劳动教育的全员培训和专项培训，提升教师实施劳动教育的自觉性和专业化水平，建立劳动教育师资队伍的"金字塔"。要积极扩大劳动教育师资队伍来源，可以采取政府购买服务方式，吸引社会力量提供劳动教育服务或聘请相关行业专业人士担任劳动实践指导教师，建立专兼职相结合的劳动教育师资队伍，建立劳动教育师资队伍的"蓄水池"。要完善学校建设标准，充分利用校园、屋顶、食堂等设施，逐步建立校园种植园、营养与膳食等劳动教育场所，配好配齐劳动实践教室、实训基地，加快建设校内劳动教育场所和实践基地。要加强学校劳动教育设施标准化建设，建立学校劳动教育器材、耗材补充机制。要挖掘整合好社会、家庭教育资源，充分利用现有综合实践基地、青少年校外活动场所、职业院校和普通高等学校劳动实践场所，作为学生参加生产劳动、服务性劳动的校外实践场所，有条件的学校可安排相应土地、山林、草场等作为学农实践基地，开放共享的劳动教育资源。要建立劳动教育风险分散机制，购买劳动教育相关保险，保障劳动教育正常开展。要加强对师生的劳动安全教育，强化劳动风险意识，建立健全安全教育与管理并重的劳动安全保障体系。

人世间的一切成就、一切幸福都源于劳动和创造。实现中华民族伟大复兴中国梦，归根到底需要每一个人辛勤劳动、智慧创造和一代又一代能担得起时代重任的后来者。中小学要把劳动教育作为全面育人过程的重要环节，注重教育实效，促进学生形成正确的世界观、人生观、价值观，为实现中华民族伟大复兴提供有力的人才保障。

第十六章　中小学构建家校协同机制新方法

　　家庭是社会的基本细胞，家庭的前途命运同国家和民族的命运紧密相连。十三届全国人大常委会第三十一次会议审议通过《家庭教育促进法》，这标志着家庭教育不再是传统的"家事"，而是成为新时代的"国事"。学生是国家的未来、民族的希望，让学生成长得更好，是学校和家庭的共同责任。学校是教书育人的主要渠道，具有培养人才的科研能力和专业力量，有条件有能力指导家庭教育。家校双方要进一步加强联系和沟通，共同健全家校协同工作机制，引导家长转变家庭教育理念，掌握科学教育方法，提升家庭教育素养，按照科学规律和科学方法铸魂育人，防止教育"内卷"和情绪焦虑，促进青少年健康成长和社会和谐稳定。

第一节　构建家校协同机制的重要意义

　　改革开放以来，中国家庭教育经历了从家庭内部到社会关注、从注重学前教育到终身教育的演进过程，全社会对家庭教育更加重视，对家庭教育的科学化、专业化有了更多共识，初步构建了具有中国特色的家庭教育体系。但同时，也要清醒地看到，进入新时代，家庭观念、家庭结构正在发生深刻变化和调整，这些都对家庭教育带来了新的挑战。总的来看，家庭教育仍是一个薄弱环节，教育"内卷"、家长焦虑状态日益严重，还不能很好地适应学生德智体美劳全面发展的要求。中小学要着眼立德树人根本任务，充分发挥学校对家庭教育重要的指导作用，加强家庭教育与学校教育的有机衔接，有效引领家庭教育的科学化实施和家长育儿能力提升。

一、家校协同有利于树立正确家庭教育观念

青少年价值观的形成始于家庭，家庭教育是教育的起点和原点，对于一个人品德形成、道德养成、价值观的培育和幸福人生的奠基具有独特而不可替代的重要作用。中国自古有重视家庭教育的传统，关于家庭教育的故事更是不胜枚举，既有"孟母三迁"的正面案例，也有"伤仲永"的反面教材。孩子从出生起，与家长朝夕相伴，家长离孩子最近，与孩子最亲，家长是孩子的第一任老师，教育和培育孩子，家长处于优先位置，肩负着首要责任。中小学校要依据各年龄段家庭教育的特点，指导家长树立正确育人观、成才观和教育观，坚持"健康第一"的思想，纠正"唯升学""唯成绩"的片面追求，为学生设置科学的成才目标，降低家长超越学生实际的人生期待，有效缓解家长"焦虑"情绪。要将社会主义核心价值观融入家庭教育工作实践中，引导家长交流宣传正确的教育理念和科学的教育方法，理性帮助孩子确定正确的人生追求，影响和

帮助他们养成好思想、好品格、好习惯。

二、家校协同有利于传播科学家庭教育方法

教育是科学，育人有规律。家庭教育是整个教育链条中与学校教育、社会教育同等重要的环节，良好的家庭教育是孩子心灵的港湾及战胜困难的勇气来源，是孩子良好品格形成的环境基础。学校要指导家长切实履行家庭教育首要职责，坚持以儿童为本，遵循孩子的成长规律和身心发展特点，尊重孩子的合理需要和个性，创设适合孩子成长的必要条件和生活环境，既要促进学生当前的进步，更要着眼于学生长远和终身的发展。要注重发挥家长不可替代的教育优势，传承和弘扬家庭美德，注重提高家长自身素养，以身作则，言传身教，时时处处给孩子做榜样。要引导家长全面学习家庭教育知识，系统掌握家庭教育的科学方法，努力拓展家庭教育空间，支持孩子参加适合他们的社会实践，积极配合学校开展教育教学工作，推动家庭教育和学校教育有机融合。

三、家校协同有利于提高家庭教育实施效果

教育最根本的目标就是促进孩子的成长，只有学校和家长朝着同一个方向共同发力，才能让学生朝着正确的方向发展，顺利到达成功的彼岸，拥有更好的人生。学校要及时与家长沟通，反馈学生在校期间思想状况、学习状况和行为表现，便于家长有针对性地改进对的孩子教育方式和教育内容。家长要遵循家庭教育的规律性，把孩子成长经历、家庭背景、特长爱好、行为特点、

在家表现等方面及时和学校老师进行沟通，配合老师指导孩子在家做好时间管理，及时完成学习、锻炼、劳动等方面作业，共同培养学生良好学习习惯、生活习惯、锻炼习惯等，提高家庭教育的效率和质量。要发挥学校和家长双方在教育上的各自优势，加强学生信息沟通交流，及时了解学生的身心发展状况，经常协商合作育人的方法，不断增加教育的针对性和实效性。只有家校协同、同向同行，才能营造协同育人良好环境，提高家庭教育效果。

当前家庭教育领域存在的问题，很大一部分与我国社会转型速度加快、传统的家庭结构和功能发生深刻变化有关，仅靠学校一方或家长一方都难以承担起育人的重大责任。只有家校加强联系、共同协商，合理安排学生学习、生活和锻炼，才能共同培养好学生，促进学生全面健康成长。

第二节　构建家校协同机制的实施途径

家庭是学生人生的第一所学校，家长是孩子的第一任老师。家庭教育涉及很多方面，但家庭的和谐幸福、家教的科学有效、家风的耳濡目染日益成为影响教育效果的重要因素。学校要负起家庭教育指导责任，发挥专业引领作用，指导家长做好家教、家风建设，引导家长时时处处给孩子做榜样，用正确行动、正确思想、正确方法教育引导孩子，给孩子讲好"第一课"，帮助其"扣好人生第一粒扣子"。

一、形成良好家风

家庭教育中，家风对学生道德品质的养成尤其重要。家风是家庭成员代代传承、激荡砥砺而形成的一种价值观念、道德规范和行为习惯，包括精神风貌、道德品质、举止行为、交友治家、为人处世、审美格调、整体气质等各方面，对于家庭成员修身齐家和国家社会稳定起到很好的教育作用。在一定意义上讲，家风影响甚至决定一个人的人生观、价值观、名利观。传统的家风是以单个家庭的家规、家训、家书为载体的传承模式，一句话、一个故事、一段记忆，都可以成为家风的载体。新时代的家风要在继承中华民族传统美德的基础上，形成以社会主义核心价值观为主要内容的新模式，因为家风不仅是一个文化传统的问题，更是关系党和人民事业后继有人、强国富民的大事。

（一）传承传统美德

中华民族在长期发展中形成了"耕读传家""书香门第""望子成龙""仁义礼智信"等共同的家庭追求，也有"孟母三迁""岳母刺字""二十四孝""孔融让梨"等家教故事，更有《颜氏家训》《朱子家训》《曾国藩家训》等脍炙人口的家规家训，很多在今天看来仍具有正面、积极的意义。新时代的家风要注重从中华民族优秀的传统文化中汲取道德养分，结合家庭实际，明确家庭价值追求，发扬光大传统家庭美德，从小涵养学生良好的美德、培养高雅的品行。

（二）加强品德教育

品德教育在家庭教育中处于核心地位，家庭教育跟其他教育一样都要立德树人。社会主义核心价值观体现了新时代国家、社会、个人的共同价值追求。新时代家风要把其融入家庭教育的全过程、各方面，理直气壮、春风化雨地进行理想信念、思想品德、生态文明、爱国主义、法治教育，自觉抵制拜金主义、享乐主义、极端个人主义等错误思想，厚植家国情怀，担当时代责任，从小树立通过一辈子的顽强奋斗、诚实劳动来服务国家和人民、创造幸福和有价值生活、铸就优良高尚品德素养的人生追求。

（三）注重言传身教

古人说"近朱者赤，近墨者黑"，父母是孩子最好的老师，父母的一言一行、为人处世的方式等都是不可替代的教育资源，会潜移默化地影响孩子。父母要率先践行家风，养成互敬互爱、孝敬老人、诚信办事、友善待人、敬业工作、尊重规则、敬畏法律、责任担当等良好品质，培养终身学习、喜欢阅读、热爱劳动、经常运动、高雅审美等健康的生活情趣，给孩子起到示范引领作用。在这种健康向上的家风熏陶下，孩子会将这些品质和情趣融入骨血里，模仿、形成、固化为自己健康积极的兴趣爱好、行为习惯、思维模式和认知方式，成为一生的记忆和立身处世、持家治业、幸福生活的宝贵财富。

二、建设幸福家庭

"家是最小国，国是千万家。"一个健康和谐、充满爱的幸福家庭是孩子形成健全人格心理的基础。教育孩子从来不是靠讲大道理，而是靠家庭的潜移默化和父母的以身作则影响出来的。家庭教育寓于日常生活中，时时处处存在，家长的言谈举止会时时刻刻被模仿。家庭不睦，对于孩子成长的危害是不可逆的。新时代的家庭就要家庭和睦、夫妻恩爱、互敬互让、彼此包容，这样的幸福家庭是孩子生活的港湾，能给孩子安全感、认同感和归属感。

（一）父母共同发挥作用

父母对孩子成长的教育和影响是任何人都无法替代的，父亲身上展现的高大、担当、勇敢、乐观等优秀品质会深刻地影响孩子，母亲身上展现的温柔、优雅、耐心、睿智、开朗、友善等优秀的品质同样会激发孩子潜能。现实中，有的家庭因为各种原因缺失一方作用或由祖父母或外祖父母"隔代"照护，孩子会很容易产生不满足感、失落感和焦虑感，失去自信和安全，诱发孩子极度消沉、拒绝社交，有的孩子还会在智力水平、学业水平以及注意力水平的发展上有所欠缺。孩子成长未必需要多好的物质条件，但一定需要父母陪他一起长大，这是给孩子最好的礼物。

（二）营造爱的家庭氛围

爱是夫妻忠诚、尊老爱幼、彼此关心，爱是邻里和睦、为人友善、大度包容与自然和谐相处，爱是温馨的问候、温暖的目光、温情的关怀。在一个充满爱的家庭环境中长大的孩子，对待事情能够延迟满足、情绪稳定，内心充满安全感和幸福感，会把人生每一步都走得很积极。相反，在一个缺失爱和温暖，充满仇恨、抱怨、家庭暴力等的家庭中长大的孩子，可能会没有自信，产生自卑、胆小、抑郁等心理和身体问题，可能会产生烦躁、敏感、叛逆等性格障碍，还可能会出现偏执、性格暴躁、办事鲁莽、容易冲动、离家出走、攻击性强等行为特征，严重的甚至会埋下自我伤害、自杀、精神异常等极端行为隐患。为人父母者，都希望孩子健康、快乐、好学、能干、顺利、幸福，殊不知，在每个人的成长中，爱才是最好的滋养，爱才是孩子最需要的教育。在爱的环境中长大的孩子会像一棵小树苗一样不畏风雨、茁壮成长。

（三）树立法治和规则意识

幸福的家庭的前提一定是遵守规则、敬畏法律。如果一个孩子生活在一个遵守社会公德、社会规则、纪律法律的家庭，他日后也会遵守规则，成为健康正直、乐观向上、有所作为的人。如果孩子生活在一个充满愚昧、野蛮、堕落和自私自利的家庭，有不遵守规则的家长，他日后也会我行我素、不守规矩，可能成为一个粗鲁的、毫无教养的，甚至危害社会的人。一个幸福的家庭，要给孩子做好遵守规则、遵纪守法的表率和榜样，遵守规则、敬畏法律、遵守法律，知道什么该做、什么不该做。

三、进行科学家教

家庭教育是一切教育的基础，家长要遵守《家庭教育法》，树立家庭教育主体责任的意识，建立正确的家庭教育理念，掌握科学的家庭教育知识和方法，提高家庭教育的能力和水平。

（一）转变家庭教育理念

在孩子成长的道路上，家长应该放平心态，保持一颗平常心。

既充分信任孩子、不低估孩子，也不要着急、不要攀比，不要企望"一口吃成大胖子"，提出超越孩子年龄特征和接受能力的要求。家长要认识到每个孩子是不同的、需要的素养是全面的、成长是长期的、教育是有规律的，一味采取"拼时间、多刷题、超纲超前抢跑、提前学"等方法，一味追求"分数、成绩、名校、竞争"等过高的应试压力，是违背教育规律和儿童成长规律的，不但会加重孩子负担，甚至使不少孩子的精神状态游走在崩溃的边缘。学习是一辈子的事情，重要的是日不间断和兴致勃勃，只要他在读，只要他这周比上周进步就值得高兴，就应当给予肯定和鼓励。

（二）了解家庭教育内容

家长要针对不同年龄段未成年人的身心发展特点，培养"大德"，即爱党、爱国、爱人民、爱集体、爱社会主义等家国情怀；树立"公德"，即崇德向善、尊老爱幼、热爱家庭、勤俭节约、团结互助、诚信友爱、遵纪守法等良好社会公德、家庭美德、个人品德意识和法治意识；提高"素质"，即广泛的兴趣爱好，健康的审美情趣，良好的学习习惯、生活习惯、行为习惯、劳动习惯，提高生活自理能力、独立生活能力，增强科学探索精神、创新意识；保证"健康"，即营养均衡、科学运动、睡眠充足、身心愉悦，促进其身心健康发展；关注"心理"，即珍爱生命、安全出行、健康上网、防欺凌、防溺水、防诈骗、防拐卖、防性侵等，增强其自我保护的意识和能力。

（三）掌握家庭教育方法

父母应当根据孩子的生理、心理、智力发展状况，尊重孩子人格权利，不能经常居高临下训斥孩子，要学会心平气和地平等交流和尊重其参与相关家庭事务和发表意见的权利。要加强亲子陪伴，发挥父母双方的作用，经常走进学生心灵，了解其喜怒哀乐的情感变化和精神需求，相互理解、相互促进，父母与子女共同成长；要学习掌握心理学、教育学相关知识，尊重差异，学会共情等沟通办法，根据学生年龄和个性特点进行科学引导。要寓教于日常生活和活动之中，带领孩子开展旅行和各种实践活动，放手让孩子走出家庭，走进大自然，接触社会，感知生活，在潜移默化中升华情感，在言传身教中涵养品格，做到严慈相济，关心爱护与严格要求并重。

四、加强家校协同

孩子的教育和成长是一个复杂而漫长的过程，也是一个不断反复的过程，需要耐心陪伴与静静等待。中小学要纠正家庭教育和学校教育"两张皮"的错误观念，不能把家庭教育片面理解成是家长的事，要把家校协同机制建设纳入学校教育教学规划之中，主动作为，帮助家长树立正确的家庭教育理念，掌握科学的教育方法，提升教育效果。

（一）家长和教师要互相理解

学校教师和家长是平时接触孩子最多的人，教师是传道授业的人，父母是孩子一生的榜样，每个优秀的孩子，背后都离不开教师和家长的奋力托举。家长配合教师的工作，才能给孩子最好的教育。实践证明，家长和孩子的任课教师、班主任联系越紧密，家校配合得越好，孩子的教育就会越成功。家长更应该配合教师、支持教师，多一分理解和宽容，少一分计较和指责，多一分相互信任。

（二）家长和教师要加强协同

孩子们在同一个班、同一个任课教师、同样学习内容，成绩出现较大差异，究其原因，除了天分之外，更多的是良好的学习习惯、品德意志、自控力、专注性和求知欲上有差异。家长要针对孩子性格特点、兴趣爱好、学习的薄弱项和擅长项，和教师一起商量，发挥双方在教育上各自优势，加强信息沟通，有针对性帮助孩子扬长避短，补上短板。

（三）家长和教师要共同发力

家长要和教师及时联系，根据孩子实际，利用好课后资源，给孩子选择最适合的课后服务内容。家长要及时了解孩子在校学习和作业完成情况，配合教师指导孩子合理利用好在家时间，提高作业的效率和质量。家长要按照学校规定，履行法定责任，充分保障孩子睡眠，并适度安排好孩子劳动、娱乐、体育锻炼等，确保孩子睡得好、身体健、精神足、心理健全。

第三节　构建家校协同机制的保障措施

家校协同育人是理论性和实践性都很强的工作，是教育事业的重要组成部分。学校教育和家庭教育本质上都是育人的工作，都承担着立德树人的根本任务，关系着国家和民族的未来。中小学要充分发挥科学研究和专业人才聚集的优势，组织和动员各方面教育力量，形成学校主导、社会参与、家庭尽责的工作机制，不断扩大优质家庭教育资源，保障家庭教育顺利开展。

一、加强组织领导

家校协同机制建设是学校现代治理体系的重要组成部分。中小学要从培养德智体美劳全面发展的社会主义建设者和接班人的高度，重视家校协同育人工作。要建立校长负总责、德育部门牵头、各部门参与的工作机制，明确负责机构、人员和工作职责，压实家校协同育人的责任。要把家校协同育人列入学校发展规划，建立家长委员会、家庭教育指导中心、家长学校等组织，制定家庭教育指导手册，指导家长掌握正确家庭教育理念和科学方法，理性帮助孩子确定成长目标，培养孩子好思想、好品行、好习惯。要培养家庭教育指导教师，加强对德育干部、班主任及相关教师的培训，研讨家庭教育工作的新理念、新方法、新举措，提升教师指导家庭教育的能力，建立起以班主任队伍为主，专兼结合家庭教育指导教师队伍教师。要不断壮大家庭教育工作力量，大力发展家庭教育专家队伍和志愿者队伍，积极引入专业社会工作者，为家庭教育提供专业化、常态化的家庭教育指导服务。要改革对学生的评价内容和评价方式，及时了解学生在家庭当中的表现情况，有针对性地纳入综合素质评价，引导孩子发扬优势，弥补不足，缩短差距。

二、丰富教育形式

学校要进一步提供多种形式的家庭教育服务，组织家长和学生

共同参与到参观考察、专题调查、研学实践、志愿服务、社会公益
活动以及文艺、体育、劳动、科技、阅读等富有教育意义的家庭活
动中，密切家校合作，增进亲子沟通和交流，营造良好家校关系。
要充分利用家长委员会、家长学校、网上家长学校、家庭教育指导
中心、家庭教育大讲堂、家长会等途径，建立常态化宣教机制，传
播先进教育理念和科学育人知识，提升家庭教育水平，营造协同育
人良好环境。要深入开展"书香家庭""最美家庭""良好家风"等
选树活动，充分挖掘和提炼家庭教育方面先进典型经验，讲好家教
故事、展示家庭风采、分享家庭典型经验与做法，引导广大家庭见
贤思齐、崇德向善，不断改进教育方法。要开展家庭教育主题宣传
活动，组织家庭教育专家、家教指导师、优秀家长通过撰写文章、
开办讲座、巡讲访谈等形式，宣传正确的家庭教育理念和科学方
法，促进家庭教育科学化、规范化实施。要开放学校校园，组织家
长走进课堂、食堂，体验学生学校生活，监督学校工作，为学校文
化建设和各种教育教学活动提出意见和建议。

三、拓展教育资源

中小学要加强家庭教育阵地建设，要利用学校现有设施建立
家长委员会和家长学校等家庭教育活动场所，规范管理制度，丰富
活动内容，定期开展家庭教育指导和实践活动。要利用好校外教育
资源，依托青少年宫、儿童活动中心、福利院、社区文明讲习所等
校外教育机构，发挥各自优势，协同开展家庭教育指导服务，进一
步拓展家庭教育空间。要关爱流动儿童、留守儿童、残疾儿童和贫

困儿童，建立帮扶机制，开展适合困境儿童特点和需求的家庭教育指导服务，形成关爱帮扶弱势群体的良好风尚。要挖掘好家长教育资源，发挥家长特长，开设家长讲堂，开发家长课程，丰富学校体育、美育、劳动教育、科学教育等教育资源。要开展适合家长和学生一起参加的研学旅行、研究性学习、志愿服务等社会实践活动，引领家长和学生一起成长，促使家庭教育和学校教育、社会教育有机融合。要引进家庭教育专业机构和专家学者，走进校园，走进家庭，通过开讲座、做报告、面对面对话、答疑解惑等方式，用科学的方法引领家长提高育儿的专业素养。

培养德智体美劳全面发展的新时代中国特色社会主义合格建设者和可靠接班人是学校、家庭共同的责任，学校要加强家校协同育人机制建设，进一步增强家庭教育指导的针对性和有效性，引导家长依法履行家庭教育责任，帮助家长建立正确教育理念，掌握科学教育方法，对孩子一生负责，共同促进学生身心健康发展。

第十七章　中小学开展科学教育新方法

　　科学教育是提升国家科技竞争力、培养创新人才、提高全民科学素质的重要基础，对培养科技人才和创新人才具有不可或缺的重要地位。中小学科学教育的最终目的就是培养学生的科学素养，包括科学探究方法的传授、科学态度的养成、创新精神和实践能力的涵育等，使之成为高素质的国家建设者。要发挥科学教育在国家战略中的重要价值，就需要从小抓起，培养深厚的人才土壤，才能孕育出大批高水平的科技人才。当前，面对全球新一轮科技革命加速演进浪潮，面对加快建设教育强国、科技强国、人才强国的目标要求，中小学科学教育还存在着基础总体薄弱、课程体系不健全、科学教育资源尚未有效整合、师资力量薄弱、实践教学实施程度较低等问题和不足，亟待加强和改进。中小学要做好科学教育"加法"，着力解决好"为何教""谁来教""教什么""怎么教""什么时间教""在哪里教""怎么评"等一系列问题，使学生在知识、方法、能力、价值观获得过程中逐步生成科学素养，引领学生能够用科学的眼光观察现实世界，用科学的思维思考现实世界，用科学的语言描述现实世界。

第一节　开展科学教育的重要意义

中小学科学教育是兼具理论性和实践性的教学行为，关注的不仅是知识的习得，而是在这个过程中形成的与科学精神相关的精神品质、思维方法以及关键能力。中小学要着力培养学生科学精神，让学生在夯实知识基础上激发崇尚科学、探索未知的兴趣，逐步形成科学素养，培养其人文思维品质、批判思维品质和探索性、创新性思维品质。

一、科学教育能够培养追求真理的精神

今天的学生成长在互联网科技日新月异、全球化进程波澜壮阔的时代，这个时代给了学生丰富的接触科学、应用科学的机会。科学教育要引导学生认识到人类每一项科学技术的进步往往都经历了漫长而孤独的过程，无论是人文科学领域还是自然科学领域都是在对未知信息的想象和假设基础上，通过反复检验和论证计算，才能去伪存真、去粗存精，最终探求到事物本质和发展规律，这就是追求真理的精神。中小学各学科的内容都是人类在长期发展历史中逐渐形成的成果，其知识体系的有机性、概念的抽象性、逻辑的严密性、结论的明确性和结构的完整性都呈现了宝贵的追求真理的精神，也是前人追求真理的结果。中小学科学教育要深度挖掘这些素材，高扬驱除愚昧的旗帜，不断拓展知识的边界，把知识与世界联系起来，从每一堂课开始培养学生不断探索、触类旁通、革新进步

的探索精神，引导学生在学习的过程中树立起追求真理的精神，把学习的过程变成追求真理的过程。

二、科学教育能够培养合作研究的能力

在过去一百多年里，科学技术的突破性进展使人类社会发生了翻天覆地的变化。比如，相对论构建了人类全新的宇宙观和时空观，量子力学从根本上改变了人类对物质结构及其相互作用的理解，信息技术的突飞猛进极大地改变了社会的生产方式、提高了人们的生活质量，这是科学的胜利，充分证明了科学技术是第一生产力。随着时代的发展，科学研究的过程中越来越呈现交叉、融合的发展趋势，越来越多的重大发现和重大成就都出现在不同领域、不同学科的合作研究中。可以说，近代以来所有重大成果和进步无不是合作研究的成果。中小学科学教育要引导学生在学习的过程中培养合作学习的精神和习惯，在和同伴、老师探讨问题、交流思想、合作探究的过程中，学会分享自己的所思所想，学会听取他人的正确意见和建议，通过不同的认知结构和思维方式引导多样思维方式的碰撞，构成多元的、重整的"最近发展区"，不断激发学生积极思维，促进对新的知识的理解，建构新的认知结构，提高学习效果，从每一堂课开始培养其共建共享的团队合作精神。

三、科学教育能够培养高尚的人文情怀

学习是一种文化现象。千百年来推动科学进步的强大动力之一就是科学家们浓厚的家国情怀和追求人类幸福与社会进步的社会责

任感。1931 年，爱因斯坦在一次对年轻人的演讲中说："如果你们想使你们一生的工作有益于人类，那么，你们只懂得应用科学本身是不够的。关心人的本身，应当始终成为一切技术上奋斗的主要目标。"钱学森、邓稼先等老一辈科学家，放弃国外优厚的待遇，毅然决然回到祖国怀抱，为中华民族屹立于世界民族之林而付出自己一生不懈的努力，他们胸怀祖国和人民的高尚人文情怀为科学教育提供了生动的素材。科学从不超脱于生活、时代、国家之外，科学虽然没有国界，但科学家永远是有祖国的。中小学科学教育要紧扣时代脉搏，培养学生人类命运共同体意识，坚定学生的人生理想信念，树立远大理想和抱负，厚植家国情怀，激励学生从小就要无比热爱党、热爱祖国、热爱人民和热爱生活，长大了能够把服务国家、造福人民、推动社会进步作为自己的使命和责任。

四、科学教育能够培养质疑批判的思维

科学的问题来源于质疑和批判，人类所有的科学成果都建立在对前人研究基础上的质疑与批判之上。从牛顿"苹果为什么落地的疑问"到袁隆平"禾下乘凉的梦想"，从布鲁诺质疑太阳中心说到中国载人航天技术进步，无不证明了没有质疑和批判就没有问题，也就没有科学的持续发展和进步。质疑和理性批判品质的缺失，必定会阻塞人类前进的道路。质疑和批判思维品质不是从天而降的，也不是与生俱来的，是需要从日复一日的科学学习中培养的。中小学科学教育要发现、保护、弘扬这种宝贵的品质，在课堂上要高悬"问号"，鼓励学生多问"为什么"，引导学生通过对事实、现象、

结论的科学分析和大胆批判，树立起为探索未知世界而笃行不倦、为追求真理而献身不悔的精神。在教学中要善于追问"为什么"，任何一个存疑的地方往往是学生深层次思维方法问题的暴露，要引导学生在不断追问中养成敢于质疑、勇于批判的思维品质。当然，批判不是"抬杠"，不是"诡辩"，它需要敏锐的洞察力、大胆的想象力和严密的理性思维，在科学的思考、论证基础上，追求新的答案和创新。

五、科学教育能够培养创新思维的品质

科学研究的起点往往是从人们探索自然奥秘和未知世界的好奇心、想象力等探索性、创新性思维开始的。创新思维品质是人类思维的最高形式，它不是与生俱来的，是建立在逻辑思维、发散思维、形象思维、想象力和各学科聚合能力等思维能力基础上的宝贵品质，需要经过长期训练和培养才能形成。中小学科学教育要立足于培养学生创新思维品质，在日常教学中有目的、有意识地提升学生思考力、判断力、表达力、观察力，关注学生认知方式、学习需求的变化和思维方式的差异，引导学生在思考任何问题时，要通过自己的思考和调查研究，查阅相关资料，考虑经济、历史、文化、环境、安全和可持续发展等相关因素，综合运用科学、人文、艺术、工程、信息技术等学科内容，根据生活中的实际，发挥想象力，较全面地考虑事物之间的相互关系，做出假想和预测，再通过反复验算和修正，最后形成自己的创新结论。把"有形"的教学活动转化为学生"无形"的创新思维品质形成的过程。

第二节　开展科学教育的实施途径

科学教育不是一门颇具负担的必修学科，它交叉渗透于各学科教学之中，融会贯通于各种教育教学活动之中。因此，科学教育既要培养具有本课程基本特征的关键能力、思维品质、情感态度与价值观，反映学科特征及其独特的育人价值，也要着眼于培养学生科学素养，提高科学思维和创造能力。

一、在课程教学上下功夫

学校要聚焦科学教育，梳理现有的科学教育课程和相关的学科课程，打破学科间的壁垒，构建学校科学教育课程群，积极探索项目式学习等新的学习范式，融会贯通于校内外科学教育活动，开展丰富多彩的科学实践教育，为不同学段、不同基础的学生提供个性化、选择性的科学教育，激发学生科学兴趣。

（一）开好科学课程

无论中高考制度怎么变革，学校都要按照国家课程方案，开齐开足各级各类课程，特别是物理、化学、生物、地理、信息技术、劳动技术等科学类课程。要加大实验课教学力度，确保演示实验、操作实验开课率达到100%，保质保量完成规定动作，提升实验课教学效果。要落实新课标中10%学科实践活动要求，可使用学科课时，也可与作业设计相结合，科学设计科学实践活动，指导学生开展小实验、小制作等活动，突出实践性、探究性，激发学生学习兴趣。要充分发挥学科课程载体作用，挖掘各学科蕴含的科学教育内容，以学科课程教学活动为载体，在教学过程中普及科学常识，渗透科学精神，培养学生科学素养，引导学生树立科学精神和掌握科学方法，提高学科课程的实施效果。如数学学科的勾股定理、语文学科的中国科学家事迹、历史学科的科学发展史和科技成就等，积极引导学生在实际生活中树立科学生活态度，养成科学生活方式，大胆参与科学探究与创新实践。

（二）改进教学方法

不同学段、不同课程的学习都有一个从形象到抽象、从感性到理性逐步形成的过程，学校要改进教研方法，丰富教研内容，为科学素养培养提供坚实的保障。课堂教学实践中要突出素养导向，实施合作式、启发式、互动式、探究式教学方法，从而实现教学与学生成长的双向转化和双向建构。要重视个体的差异化发展，教师在全体学生掌握"必需的科学"基础上，有意识通过分层作业、精准辅导，实现精准化的分层教学。要加强创新人才培养，对有科学潜质的学生可以组建兴趣班、科学社团，开展科学实验，渗透科学思想，提升科学能力。要加强建模的教学，课程中以各自相应的现实原型作为背景而抽象出来的各种概念，各种公式、方程式、定理、理论体系等，都是一些具体的模型，教学中适当组织建模比赛等活动，教会学生建模的方法。课堂教学要重视变式教学，通过一题多解、多题一解等训练，培养学生发散思维、集中思维。要重视错题的价值，通过建立错题本等方法，弄清易混点、易错点，从中培养学生科学素养。要重视学法指导，通过合作研讨学习法、目录学习法、联想学习法、"过电影"学习法等科学有效的办法，提高学生记忆和解题能力。

（三）提高应用效果

科学的进步萌发于问题。随着经济发展的全球化，科学技术的迅速发展和计算机的日益普及，使得知识的应用越来越广泛和深入，体现在生产实践的各环节，渗透于生活的方方面面。课堂教学不是纯粹的知识教学，课程中的知识只有能够帮助学生解决生活中无处不在的问题才有价值。中小学科学教育要强化应用意识，善于在知识和实际中建立起密切的联系，引导学生从生活实际出发，让学生带着生活中的问题去学习，并能够应用所学知识去解决生活中的问题。如讲等式的性质时联系天平称量，讲函数时联系载人飞船、城市绿化，讲三角函数时联系平均气温、港口白昼时间、单摆、风车等。要根据不同学段学生认知结构的可接受性，加强知识前后联系，帮助学生建构起知识体系，催发新知识的生成，指导学生不放弃生活、学习中任何疑问，学会"打破砂锅问到底"，并能够在老师帮助下，借助工具深化研究，不断进行假设和验证，最终发现其中的科学规律，以达由浅入深、循序渐进之功效。

二、在激发兴趣上下功夫

兴趣是最好的老师。科学教育不仅仅是枯燥的数字、公式、定理，决不能以扼杀兴趣为代价，陷入单纯的背诵、记忆、训练的知识教学之中，这种方式只会导致学生逐渐厌倦科学，丧失探索未知世界的信心。科学教育是学生发现和探索的一个重要途径，在学习过程中形成的科学素养，将对学生一生发展起到重要作用。无论他们将来从事什么工作，深深铭刻在他们心中的科学精神、思维方法、研究方法、推理模式等，都会随时随地发生作用，使他们终身受益。

（一）强化贯通培养

小学开设的科学课和中学开设的物理、化学、生物、地理等学科课程都涉及各方面的科学知识，但是不能把学科教育和科学教育混为一谈，科学教育是综合性的，需要靠跨学科的多学科融合交叉地学习去实现。教师要聚焦科学素养的培养，根据不同学段科学素养培养要求，强化不同学段衔接研究，抓住学习的"痛点""难点""弱点"和知识"断点"，纠正"碎片化""背靠背"的教学弊端，努力消除学段壁垒，系统培养学生学习方式、思维方法、学习习惯，发展学生抽象思维、逻辑推理和科学素养。要紧扣课程标准，衔接知识、技能与方法，关注各学段课程中科学素养的区别与联系，既要避免内容重复，又要防止内容缺失，通过选择、改编、整合、补充和拓展等方式，按学生发展和学习需求加工，顾强补弱，激发学生学习科学的兴趣，培养学生自主学习能力。要根据不同学段学生认知规律和学习特点，在教法、学法等层面加强衔接，逐渐形成不同阶段的游戏化、绘本化、情境化教学方法和问题式、体验式、探究式、合作式学习方式。

（二）发现科学之美

各种知识巧妙组合与各种逻辑关系构成了一个神秘、有趣、好玩的科学世界，各课程有各课程的特点，各学科有各学科的本质，但无论什么课程、什么学科都有科学之美。要善于从本体知识拓展延伸到知识本质，引导学生尽早进入这个好玩的世界，培养学生探索未知领域的兴趣，使学生终身受益。要善于用科学之美激励学生，如几何中完美的图形——圆，内含的周长与半径有着异常简洁和谐的关系，一个传奇的数"π"把它们紧紧相连；数学的三角形寓有变化之美，四边形有对称美，黄金分割有比例之美等；物理、化学等学科的论证过程中有探索之美，实验过程有发现之美。要善于从学生生活实际出发，以问题为导向，创设科学应用场景，引导学生发现科学的美，把学习过程变成寻找科学之美、创造科学之美的过程。要引导学生探究用科学知识解决生活的实际问题的路径和方法，在解决问题中体会成功之美，激发学生探索未知的好奇心。

（三）开展科学活动

学校每年要举办学生全员参与的科技节、科技周，为学生了解科普知识、参与科学实验、展示研究成果提供场所和机会，激发学生科学兴趣，在学校营造良好的科学教育氛围。要组建丰富多彩的科技社团，利用课后服务时段开展科学活动，充分体现出科学教育内容的综合性、活动的选择性和评价的多样性。如生物社团可以让教师带领学生一起走进奇妙的微观世界，在显微镜下满足学生对微观世界的探索欲望，让学生体验科学探究的乐趣；物理社团可以在教师指导下运用电磁学、光学、机械等学科知识，利用废物制作加湿器、手动垃圾桶、感应垃圾桶、臂障机器人、云梯消防车、地震报警器、交通红绿灯、电动升旗台、全息 3D 投影仪等，引导学生将学科知识应用到生活中；地理社团可以带领学生用天文望远镜仰望星空，激发学生探索宇宙的好奇心，并在学生心中种下天文梦想的种子；科技社团可以在教师带领下开展人工智能研究，研究设计"居家运动健康机器人""家庭饮食健康检测机器人""灭火救援机器人"等，让学生充分感知人工智能在未来生活中的广泛应用。实践证明，以社团形式把志趣相投的学生组织起来，会极大激发学生科学兴趣，提升科学教育效果。

三、在科学实践上下功夫

科学实践活动是开展科学教育的重要方法。经过长期发展，科技实践已经成为被教育领域和社会公众广泛认可的科学教育手段，学生只有参与丰富多彩的科学实践，才能获得未来必需的科学素养。

（一）开展实践活动

科学馆、博物馆、大学科研院所、现代高新技术企业等，因其预先设定好的科学教育环境、体系化的科普展教资源、较为完善的科学教育人才队伍建设等诸多优势，成为开展科学教育的重要场所。学校要借助本土的科学教育资源，结合区域实际，联合资源单位开发科学学习任务单，通过"菜单式""自助型"等模式，组织学生进行现场上课、参观、考察和研究性学习等社会实践活动，开展项目式、跨学科学习，开阔学生视野，努力在学生心中种下科学的种子，引导学生编织当科学家的梦想。学校要利用现有场地资源开发科学实践基地，如以劳动教育基地为依托，加强学科间科学教育的整合，开展测土配方、无土栽培、生物育种、节水滴灌等科学实验，在培养学生劳动技能的同时，让学生能够掌握基本的生物、地理、化学等科学知识。

（二）开设科学讲堂

科学教育需要浓厚的科学的环境和氛围，学校要搭建科学教育的平台，在图书馆中充实科学类书籍配备，在醒目位置设立科普专栏，定期组织科学讲座和分享会，引导学生了解中国古往今来的科技成就、熟悉科研成果中的科学原理、体验科技实验中的先进技术。要发挥科学家、院士、大国工匠和科技工作者的优势，针对社会热点问题和科学界最前沿研究，开展"请进来""走出去"双向互动科学普及活动，邀请他们走进学校，开展"科学面对面""科学家大讲堂""院士进校园"等活动，展示科学研究成果，为学生提供科学体验场景，传播科学家精神，激发学生科学兴趣，引导学生遇见科学、预见未来。

（三）组织科技竞赛

科学教育不排斥科技竞赛，从某种意义上，更强调在普及基础上开展科技竞赛，发现并培养创新拔尖人才。学校要协同家长、高校、科研院所、社会和企业科技资源，以共享为依托，拓展科技竞赛辅导教师来源，形成校内外、专兼职相结合的竞赛教练队伍。要根据学生智能、兴趣、爱好、基础等情况，挑选有特长并立志献身科技事业的学生组建各类科技竞赛队，选定科学主题，定期组织培训和开展实验。要设置科学创新大赛、未来工程师大赛、人工智能大赛、无人机大赛等精细化的竞赛类目，规范合理的规则及流程和科学严谨的评审机制，支持学生用已有知识解决生活中遇到的实际问题，给学生搭建向外界展示自己的科学研究成果的平台，培养学生的创新精神和实践能力，以此鼓励更多学生献身于科技事业。

中小学教育阶段是"孵化"学生科学精神、创新素质的重要阶段，学校的科学教育质量对培养学生科学素质至关重要。中小学要围绕"科学观念、科学思维、探究实践、态度责任"等科学素养，深化课堂教学研究，改进科学教育方法，在"做中学""用中学""创中学"，不断提升科学教育效果。

第三节　开展科学教育的保障措施

如何在不增加学生负担的情况下做好科学教育"加法"，是当前基础教育领域备受关注的改革方向。中小学要从强化科学教育的组织领导、提升科学教育的师资队伍水平、加强科学教育的条件保障、深化学生评价改革等方面入手，为科学教育提供强有力的保障，为学生创造更多近距离接触科学教育的机会，激发学生热爱科学、创新科技的热情。

一、组织保障

学校要成立校长担任组长、副校长任副组长、教研组长为成员的科学教育领导小组，明确一名副校长分管学校体美劳科教育，有条件的可以聘请专职科学副校长，协助学校领导学校科学教育。领导小组要负责制定学校中长期的科学教育规划，系统指导学校科学教育。要完善负责科学教育的专业机构，选派专业教师担任科学教育专干，组建科学教育教研组，明确科学教育职责，具体落实科学教育举措。要充分利用国旗下讲话、黑板报、宣传栏，定期宣传科学家事迹、最新科学动态和科学研究成果。要通过科技节、科技周、学生作品展等形式为学生搭建起科学展示的平台和科学竞赛的赛场，展示学校科学教育成果，形成浓厚的科学教育校园氛围。学校主要领导要坚持定期召开科学教育专题会议，听取主管部门、教研组、班主任科学教育汇报，定期对科学教师教案、学校实验室等进行检查，检查科学教育、实验教学开展情况，协调解决遇到的困难和问题。

二、师资保障

教师是发展科学教育的关键角色，培养高素质、专业化、创新型科学教师是科学教育的重中之重。要按照国家对科学教师和实验员配备的基本要求，配齐配好物理、化学、生物、地理、信息技术、通用技术、科学课等相关学科教师队伍和专职的科学实验员。要大力开展教师科学教育校本培训，提高教师科学教育专业技能，着力纠正科学教育中存在的分数意识强，但科学素养培养意识淡薄；学科教学意识强，但跨学科整合能力不强；教材意识强，但科学思维能力培养不力等突出问题。要加强新课标的学习研究，通过集体备课、主题教研、校本研修、课题研究等方式，指导教师落实新课标要求，强化学科课程中科学核心素养培养。要组织全员参加的科学教育基本功考核和教学技能大赛，加强科学教育和学科教学深度融合，引导教师深耕课堂，提高科学教育技能。要开展全学科、全学段课堂跟踪指导，建立"指导—研讨—改进"的个性化指导流程，引导教师转变理念，推动科学教育课堂改进。

三、条件保障

科学教育涉及实验室建设、科学课程开发、科学教育实践等方面，需要专门的设施设备和场所。中小学要根据科学教育的需要，加大实验室投入和建设力度，增建 3D 打印、人工智能、空间技术、生物工程、地理教室等科学实验室，及时补充先进的、现代化的仪器设备，多让学生在实验室进行探究性科学研究活动，引导学生了解知识产生的过程，学会自己发现知识、发现原理，全面提升实验室对科学教育的支撑保障能力建设。要设立科学教育专项经费，用于科学教育耗材购置、科学社团指导教师聘用、学生科学教育研学活动等，为科学教育提供充足的资金保障。要完善科学教育课程方案，统筹教学计划，在课时总量和结构上保障科学教育的教学时间，定期组织科技节、科技周，确保科学教育落地落实。要整合地方博物馆、科技馆、高校、科研院所、高新企业等适合中小学开展科学教育的社会资源，解决好资源分布在不同行业、单位、部门的散乱现象和结构性缺项、质量良莠不齐、供需缺乏精准对接或对接不畅等问题，实现科学教育资源提供方与需求方的精准对接，进一步推广优质资源，提高资源利用效率。

四、评价保障

在现有的招生录取制度下，如何评价科学教育效果、评价科学教育教师，成为一个难题，也直接影响着科学教育的开展。中小学要完善科学素养的评价方案，以评价改革引领和带动科学教育。要建立科学教育条件和质量监测制度，重点加强对教师配备、实验室建设、实验员配备、教学方式、实验教学等科学教育条件和活动的监测，强化对学生科学观念、解决问题能力、动手实践能力、创新能力等科学素养和高阶思维能力发展状况监测，形成更加科学的综合性评价体系和评价机制。有条件的学校要把实验操作单独作为物理、化学、生物学科的考试组成部分，合理设定科学教育中纸笔测试和动手操作的比例，把学生学习过程、探究实践、科技活动参与、科技竞赛表现等过程性表现纳入到综合素质评价中。要注重对具有科学家潜质学生的早期发现，建立个性化培养机制，为他们提供更多研究性学习资源。

人类现代化的历程表明，教育、科技、人才具有不可分割的内在关联性，它们共同推动着国家的创新发展。中小学要深刻认识科技教育对全面建设社会主义现代化国家的基础性、战略性支撑作用，深化课程改革，加强科教融合，提升学生科学素养，为实现中国高水平科技自立自强、早日建成科技强国做出应有贡献。